U0113777

纵横精华

思想的光辉

刘未鸣 刘 剑 主编

大师背影远去
思想辉光永在

中国文史出版社

《纵横精华》编辑委员会

主　　编：刘未鸣　刘　剑

执行主编：金　硕

编　　委：全秋生　孙　裕
　　　　　李军政　胡福星

目 录

骂帝斥袁的章太炎

李希泌

　　章太炎先生是我国近代卓越的资产阶级革命家和思想家。他与我父亲李根源是莫逆之交，所以我对他有些了解，有些事迹时时出现在我的记忆之中……

　　1903 年 2 月，章太炎先生为反击康有为鼓吹立宪、诬蔑革命的言论，写了《驳康有为论革命书》一文，发表于陈范在上海创办的《苏报》上。这篇文章对改良派的理论和主张作了全面系统的批判，揭露清政府尊孔奉儒是搞愚民政策，目的是为了维护自己的统治。他直指康、梁之辈奉为圣明之主的光绪皇帝，不过是"未辨菽麦"的小丑罢了。他赞美革命"非天雄、大黄之猛剂，而实补泻兼备之良药"。

　　在封建帝制时代，对皇帝的名字要"避讳"。犯讳是要受严重处罚的。而章先生在文章中直书光绪的名字载湉，并骂他是个未辨菽麦的小丑，更是犯了大逆不道之罪。所以，这篇文章发表后，轰动中外，传诵一时。清政府统治者大为震怒，决连同《苏报》上发表《革命军》的邹容并案惩处。不久，清政府勾结英帝国主义制造了轰动一时的"苏报案"，英租界当局下令逮捕"首逆章炳麟与邹容"以及陈范等。陈范闻讯逃避，叫他的儿子到章太炎先生处告警。章先生拒绝躲避。他表示，革命是要流血的，既要革命，有什么可怕的呢？况且清政府追捕他，这已是第七次了。他面对来抓他的巡捕说："我就是你们要抓的章炳麟。你们要抓的邹容等人都不在，你们逮捕我吧！"说完后伸手就缚而去。

邹容住在一个英国牧师家里，本可安全无事，但当他听到章先生被捕的消息后，跑到英租界的巡捕房，投案入狱。清政府千方百计地想从英租界引渡章太炎先生与邹容，然后处以极刑。但英帝国主义者为了维护它在上海租界的独特地位，拒绝引渡。英、美租界公开始审理《苏报》案件。原告一方是清朝政府，而被告一方则是章太炎先生与邹容，两造对簿公庭。原告控告被告写文章直书"圣讳"，犯了悖逆之罪。被告对写文章直认不讳，但坚决不承认有什么罪。章太炎先生申辩说："我只知清帝乃满人，而不知所谓圣讳。"理直气壮，审讯员亦无可奈何，只得宣布退堂，改日审讯。经过多次审讯，一直拖到第二年5月21日才正式宣判，章太炎判刑三年，邹容判刑二年，"罚作苦工，期满释放，驱逐出境"。

章太炎先生和邹容被判刑入狱后，遭受非人待遇，受棍棒、软梏等酷刑。章先生曾绝食表示抗议。他在入狱前已与邹容、章士钊和张继结拜为异姓兄弟，入狱后，他与邹容的革命友情更加亲密。他比邹容大20岁，邹以兄长之礼事之。他们相互赠诗鼓励。章先生赠送邹容的诗写道：

> 邹容吾小弟，被发下瀛州。
>
> 快剪刀除辫，干牛肉作糇。
>
> 英雄一入狱，天地亦悲秋。
>
> 临命须掺手，乾坤只两头。

邹容也写诗回赠给章先生。他们又联句成《绝命词》二首：

击石何须博浪椎，（邹）群儿甘自作湘累。（章）
要离祠墓今何在？（章）愿借先生土一坯。（邹）

平生御寇御风志，（邹）近死之心不复阳。（章）
愿力能生千猛士，（邹）补牢未必恨亡羊。（章）

由于狱中生活的残酷折磨，邹容病死狱中。1906 年 6 月 29 日，章先生服刑期满出狱。孙中山先生自东京派人来上海迎接他。章先生遂东渡，担任同盟会机关刊物《民报》的主笔。时值革命派与立宪派进行大论战，他载笔上阵，对立宪派展开了有理有节的斗争。他笔锋犀利，所向披靡，为这次大论战立下了不朽的功勋，正如他自己所说的："自余主笔《民报》，革命之说益昌，入会之士益众，声势遂日张。"

民国初，民党领袖多为袁世凯的假象所迷惑，太阿倒持，让权与袁。章太炎先生最初亦误认袁为"雄略之士"，故先任袁的总统府高级顾问，继任东北筹边使。1913 年 3 月，袁世凯派人暗杀宋教仁于上海车站，袁的狼子野心暴露无遗。消息传到东北，章先生悔恨自己错认了袁世凯，于是托故南行。同年 6 月，他从上海致电袁辞去东三省筹边使职务。"二次革命"爆发，他发布宣言，抨击袁世凯政府及其幕僚。

袁世凯见章太炎先生负有清望，是他复辟称帝的障碍，就勾结共和党人电诬章先生入京（时章先生任该党副理事长）。8 月 11 日，章先生到北京后住共和党总部，袁以保护为名，派兵将他软禁。他对袁的窃国篡权，愤恨已极，遂在卧室的窗户墙壁上遍书"袁贼"以泄愤。他又掘树书"袁贼"埋而焚之，大呼袁贼烧死了。

1914 年 1 月 3 日，章太炎先生欲逃离北京，不意在车站上被军警发觉，堵截送回寓所。三天后，他足穿破靴，手持团扇，扇下系勋章，来到总统府，要见袁世凯。袁的心腹梁士诒出来接待。他对梁说，我来见袁世凯，并不是来见你的。他久等不见袁出来，大骂袁包藏祸心，不绝于口。当晚，袁派爪牙陆建章把他幽禁龙泉寺，继迁居于东四钱粮胡同。

1915 年，袁加紧复辟帝制的活动。有人劝章写劝进表即可获释。他佯许之。次日，他却写了一封信给袁，斥责袁违背就任总统时的誓词。袁接信后，大为震怒，想杀掉他，但恐为舆论所不容，乃自我解嘲说："章太炎是疯子，我何必跟他认真呢？"章先生的"疯子"外号，从此驰名天下。

袁世凯死后，章先生获释南下。在云南，有一位老名士赵藩（成都武侯祠名联的作者，素有"病翁"之称）送给他七绝诗一首，诗文如下：

> 君是浙西章疯子，我乃滇南赵病翁。
> 君岂真疯我岂病？补天浴日此心同。

章太炎对此诗甚为欣赏，晚年常常读与别人听。

严复不随俗浮沉

———

靳明全

　　严复是我国近代著名的启蒙思想家、教育家、翻译家。曾任北洋水师学堂总教习、总办，京师大学堂总办、校长，翻译过《天演论》《原富》《群学肄言》《名学》《法意》等西方政治、经济学名著，并首次提出"信、达、雅"的翻译标准。

　　严复虽学识渊博，但脾气古怪，从不肯随俗浮沉，表现在他对袁世凯的态度方面尤为突出。严复在天津任北洋水师学堂总办时，与袁世凯相识，两人过从甚密。不久，袁世凯官运亨通，不数年间，由三品道员跃升为北洋大臣兼直隶总督。当时，袁世凯想延揽严复为其幕宾，严复闻之鄙夷地说："袁世凯是什么人？他够得上延揽我！"清宣统元年（1909 年），袁世凯被摄政王赶下台，回老家彰德定居。此时，不少人乘机打老虎骂袁世凯。而严复却前往彰德去烧冷灶，还不胜惋惜地说："此人国之栋梁，奈何置之闲散。"民国成立后不久，袁世凯任大总统，阿谀之人纷纷吹捧袁世凯，赞袁善于练兵。严复却大唱反调，说："项城（指袁世凯）练兵数十年，而军实不充，纪律不严，徒然养成了一批骄兵悍将，此种军队不能用以对外，即对内亦不免于外强中干。"有些外国人也来吹捧袁世凯，说袁"文足以定倾，武足以戡乱，实为中国首屈一指的大人物"。严复却严词以驳，说：袁世凯"太无科学头脑，缺乏世界眼光，号令不出都门一步，中国前途殆无统一之望"。由于严复声名鼎盛，加之他与袁世凯有私交，所以，袁世凯对严复的贬词只得置之不理。

马寅初立下遗嘱上讲坛

———

李传权

曾记得 1947 年，南京中央大学（今南京大学）为纪念"五四"运动 28 周年，敦请了好些学者名流在该校大礼堂讲演。中大礼堂原本不小，容纳得两三千人，但是那天盛况空前，不但楼上楼下座无虚席，就连过道里也挤得水泄不通，站着许多闻风而来的听众。

第一个率先上台讲演的是著名经济学家马寅初先生。那年马老已 65 岁，光头，无须，红光满面，身着大襟长衫，手里摇晃着一把纸扇，态度潇洒自如，讲起话来一口浓重的嵊县口音。

他那天的讲题，丝毫没有涉及"五四"，而是当时大家最关心的一个现实问题——"米价为什么会涨？"

令人惊讶的，并不在于马老讲演的内容和口才，而是他走上台来，尚未启齿讲到正题之前的那一段无怖于死的开场白。

马老劈头第一句话就说："我今天是写好了遗嘱到这里来的！"说毕，将遗书亮给大家瞧。这下会场全被震住了，听众个个变得瞠目结舌，不明究竟！他为什么要留下遗书呢？停了几秒钟，马老解释道，讲演一结束，特务恐怕要把他抓起来，拉他去坐牢、杀头，迟早自己要步李公朴、闻一多的后尘。

马老接着身子倾前，全身颤抖地说："我知道你们听众里面有特务！特务就在你们当中！"边说边用手对着大庭广众指指戳戳，仿佛他已经认出来了谁是特务！他连连拍着自己的胸脯高叫道："我不怕，别人不说我来说，别人不敢说我敢说，我马寅初不怕杀头，杀头也要说……"话音一落，全场顿时响起了如雷的掌声。稍知马老底细的人，谁不知道他一向是个风骨凛凛的铮铮铁汉！

"米价为什么会涨？"这样一个看似轻描淡写无关宏旨的小题目，经马老一发挥，却引发出了一大套内涵极其深厚的道理来，比正面抨击蒋政权腐败无能所起的作用还大得多。

记得大意是讲米价涨由于物价高涨；物价高涨由于法币贬值；法币贬值由于通货膨胀；通货膨胀由于财政赤字；财政赤字由于军费庞大；军费庞大由于打内战。他这样层层剥笋的结果，很自然地便把问题的症结归咎于"内战"上来了！正当讲到这节骨眼时，马老把桌子一拍，提高了嗓门，振臂一呼道："解决问题的办法只有一个！就是马上停止内战！……我马寅初今天专程由上海赶到南京来，其目的就是号召大家团结起来反对内战、反对内战！"

在全场一片反对内战声中，马老结束了讲演，热烈的掌声经久不息，不少人还为之雀跃呼啸不已，同时响起了雄壮激昂的"团结就是力量！"的歌声，一遍又一遍，一遍比一遍嘹亮。于是马老由一大群学生搀扶着、簇拥着、保护着离开了会场。

真是无独有偶，第二个上台讲演的许杰教授，比马老讲得更露骨、更惊人。他说："人人都说延安好，我也说延安好，延安就是好，延安什么都好，延安放个屁都是香的……"他这个语俗意不俗的比喻，顿时惹得哄堂大笑起来。至今时隔半纪，我还觉得言犹在耳，印象极为深刻。

记学术勤奋生活淡泊的周培源

梁从诚

　　周培源先生是我父母生前的挚友，又是父亲梁思成20世纪20年代初的清华同学。当年的清华学生有极强的团队精神和集体自豪感，只要一提起"我们清华"，那简直是神圣不可侵犯。30年代，我还是小娃娃时，在几位交往最深的北大清华教授之间，子女们都把长辈们互称为"爸"和"姨"。因此，周老对于我来说，从小就是"周爸"，父辈则一直称他"周公"。后来，人生的经历又曾使我有过一段和他相当接近的生活。然而在他去世后，当周家姊妹要我写一点对周老的回忆时，我却忽然发现，从纯粹家庭生活的角度来描述他，竟是多么困难。这可能是因为，他虽是一位杰出的科学家和教育家，在生活上，他却太"平常"了，平常得让人想不起该怎样刻画他才好。在我所熟悉的许多老一辈著名教授学者中，包括我自己的父母在内，像周老这样，办事能力这么强而又这么随和，生活上兴趣这么广而自奉又如此淡泊的，他几乎是仅有的一位。

　　我开始记事，已是抗战时期了。当时，原北大、清华、南开的许多教授都迁到了昆明（西南联大），过着一种他们原先所不熟悉、不习惯的艰苦生活。很多教授夫人，甚至教授本人都得学着到市场上去讨价还价地买米买菜，要卷起袖子洗衣、做饭……比起如战前清华园中那样舒适的生活来，不少人一时难以适应。如著名的逻辑大师金岳霖教授就老爱讲自己在联大教授单身宿舍煮挂面的笑话：往火上坐了一锅凉水，把面条下了进去，盖上盖子，等啊，等啊，老不见动静，却发现锅盖被"慢慢地顶了起来"，觉得好生奇怪。打开一看，"咦？面条不见了，却看到一锅糨糊，没法子，只好把糨糊吃下去！"但是周老却很能应付这种局面，当时周姨生病卧床，他却把生活料理得很好。那时，为了躲避敌机轰炸，许多教授都住到了昆明市郊乡下，周家则住在滇池边，西山脚下的一个小村子里，离他每天去上课的联大校舍好几十里路，当时又没有什么公共交通。他年轻时会骑马，于是便从老乡手里买了一匹，不仅自己每天骑马上班，还要在鞍前鞍后带上大妹、二妹两个女儿到邻村去上小学。周教授如此"单骑走联大"，也真可算是当年昆明"一景"！这种事，是别的教授都做不到的。由此，引出了金岳霖教授后来最爱开的玩笑之一：如果有一天我们这批教授困在一个荒岛，大概第一个死掉的是叶企孙，第二个就是我，他比我还不行；梁思成也许能活得久一点，可身体不好，最后唯一能活下来的，大概只有周公了。

1939年冬，我们家从昆明又迁到了四川李庄，两年后周老全家从昆明去了美国。这些事，当时作为小孩的我只不过模模糊糊知道一点。关于他在美国以及我的父母对他为人的评价，我第一次获得的深刻印象，大约是在抗战结束，我们迁回北平后的1946年末。当时内战正酣，国内物价飞涨，民不聊生，清华园里教授们的生活非常清苦。一位在昆明和我们家共过患难的北大教授来访，聊天中谈起当时全家尚在美国的培源先生。这位教授说了一句："我看周公是不会回来的了。"不想对这句随口说出的话，我母亲林徽因却突然变色，厉声对这位老友说道："周公一定会回来的！"母亲新中国成立前历来不十分过问政治，也谈不上有"进步"倾向。她在"周公是否会回国"这个问题上突如其来的激动，使坐在一旁的我这个中学生吃了一惊。自然地体会到，在我父母的心目中，周爸的品格必有其不同寻常的地位。因此，当1947年周老真的如母亲所预言的那样，举家回到战乱中的祖国，并来我家看望的时候，我曾怀着一种好奇和敬佩的心情，想看看这位我已记不太清的周爸究竟是一副什么气概。

不久，国内形势突变，辽沈、淮海战役之后，解放大军兵临城下，北平即将解放。1948年12月13日，解放军前锋到达清华园一带，北平守军龟缩城内。一时间，清华曾处于"真空"状态。为防止国民党败兵和附近地痞流氓趁乱打劫，清华决定组织师生巡逻队，保卫校园。教师中，带队的就是周老。当时，他家中有几支一位外籍教师回国前留下的猎枪。周老，这位当时已是享誉中外的物理学家，就每晚掮着猎枪，领着学生彻夜在校园里巡逻。我母亲得知后笑着说："Typical 周公！除了他，这还能是谁？"赞美之意，溢于言表。

北平解放时，解放军举行入城式。周老并未被邀观礼。但他却和女儿一起，一大早就从清华园骑车进城，在前门大街五牌楼旁，挤在人群中站了大半天。

新中国成立后，他在清华、北大和科学团体中先后担任了重要的领导职务。他的工作越来越忙，社会地位也越来越高。但他在日常家庭生活中，却仍然是那样平易，淡泊，随和；他不沾烟酒，对饮食也毫不挑剔，从不要求任何特殊的享受，也不为任何个人的业余爱好而分心。在他身上，看不到在其他"大知识分子"那里有时难免的"名士派"作风和某种怪癖。他非常勤奋，生活很有规律，只要在家，主要时间都在他的书房里工作，极少与人闲坐闲谈。但绝不是那种不懂得生活乐趣的"书呆子"。他的兴趣其实是很广泛的：年轻时不仅爱骑马，而且爱打猎，家中墙上曾挂过一只他当年在山西猎得的鹿头。20世纪50年代，有一次他忽然来了兴致邀我和他的大女儿凌晨去圆明园废墟里打野鸭，我们在水塘边草棵子里趴了好几个小时，我是连一根鸭毛也没见着，他毕竟是个老猎手，竟在乌黑之中打中了一只猫头鹰；他爱运动，50多岁时还曾和女儿一起到未名湖上溜冰；他们夫妇都喜欢古式家具和字画，五六十年代，这些还没人"炒"，他们还能不时用仅有的一点积蓄买些自己喜爱的字画，但从不"发烧"，所以才会在晚年将自己的全部收藏无偿捐赠给家乡的博物馆。

周老的平易表现在他生活的几乎所有方面。在家里，他对待晚辈非常平等，从不训人，更少有疾言厉色；一些学生、同事来访即使有他所不赞成的言行，也总是用商量的口气进行说服，没有提高过嗓门。其实，有许多事他并非真的不动感情，但他从不感情用事。常常地参加某个会议，或与某负责人谈工作回来后，会长时间地沉默不语，显然心情沉重。但作为晚辈，我们却极少听到他发牢骚、背后埋怨别人。在我所认识的老一辈学者中，他在这方面是特别严于自律的。

"文革"中，周老曾受到许多不公正的对待。那时我和他已没有什么联系了，对他的处境不大了解。但就在当时，当社会上有种种关于他的传闻时，我也深信，他那种急公好义、正直不阿的品德，是不可能因为几张大字报、几条大标语就可以被歪曲、被抹杀的。

周爸离我们而去了，但他的形象在所有认识他的后辈心中，是永远不会泯灭的。像他那样勤奋于学术和事业，而在生活上又能如此平易、淡泊的大学者，恐怕是不多见的。

"要知松高洁，待到雪化时"

——记父亲西门宗华的坎坷人生

西门露沙

　　我的父亲西门宗华的一生，不能算作传奇的一生，但却是不平凡的一生。父亲是现代中国第一位从事苏联问题研究的学者，早在 20 世纪 30 年代就以撰写有关文章和著作而闻名于知识界和学术界。他辛勤笔耕，硕果累累；后半生却历尽坎坷，饱受磨难。但面对多舛的命运，他没有沉沦，心中仍燃烧着信念之火，依然心系祖国和人民的命运。

寻求革命之路

　　父亲 1905 年出生在江苏松江县（现为上海市一个区）一个贫寒的家庭。16 岁时一个偶然的机会，使原本要被送去当学徒的他，考取了江苏省立第二师范学校。他在校刻苦读书，成绩名列前茅。当年的军阀混战、民不聊生令他迷惘、愤懑，他开始倾向革命。1925 年师范毕业后，父亲被选派赴莫斯科中山大学学习。在那里，他加入了共青团，并担任了大学团委宣传部部长。然而，由于得罪了学校中大权在握的王明而被开除团籍，于 1929 年被遣送回上海。

时值白色恐怖最严重的日子，父亲几经努力，没能找到党组织。为求生计，经著名经济学家陈翰笙和美国进步作家史沫特莱介绍，父亲于 1930 年到塔斯社上海分社作俄文翻译，成为第一个进入该机构从事翻译工作的中国人。在这同时，父亲翻译了马季亚尔所著《中国农村经济之特色》一书，由上海北新书局出版。马氏（匈牙利籍）系苏联国际农民运动研究所的经济学家，曾在中国大革命时期赴广东农村进行调查，他在著作中提出的新论点——亚细亚生产方式，颇为经济界所关注。1931 年，国立中央研究院又出版了父亲翻译的《近代农村经济的趋向》一书的部分章节。此书是考茨基的早期著作，被认为是研究农村经济问题的经典之作。

在中山大学学习的四年中，马列主义学说在父亲思想里深深扎下了根，第一个社会主义国家苏联的迅猛发展，更使他受到巨大鼓舞。于是，父亲开始致力于向国人介绍苏联社会主义建设的经验和成就。1933 年，他在张冲的支持下，在南京创办了《中国与苏俄》杂志。由于它内容丰富，并提供了大量苏联政治、经济、社会、文教等方面的第一手资料，以及深入透彻的分析评论文章，因而受到社会各界的重视，特别为从事国际问题研究的人士和向往新世界的青年读者所喜爱。担任主编的父亲，在每期杂志上均有署名文章发表。现今仍较完整地保存在国家图书馆的典藏部。在此期间，父亲还出版了《俄国革命史概论》《俄国经济史概论》等著作。父亲早期的这些努力，使他崭露头角，成为一位专事研究苏联问题的学者。鲁迅曾在其著作中称我父亲是"我国有权威的苏联研究者，俄文亦好"。

再度赴苏

1936 年，为了增进对苏联的了解，父亲入国民政府外交部工作，后被派往驻苏联大使馆任职，再度赴苏。在三年多的时光里，他访问了苏联的许多地方，考察了那里的工农业以及文教、科研事业发展的状况，为日后的研究工作打下了坚实的基础。

在父亲驻苏期间，发生了一桩多少带有传奇色彩的事情。"七七"事变爆发后，蒋介石被迫履行在"西安"事变后所作的国共合作抗日的诺言，派政府要员杨杰、张冲为正副团长率军事代表团赴苏谈判求援。周恩来得知此消息后，特地交给张冲一张名片，嘱他持此去与时任中共驻共产国际代表团负责人的王明取得联系。在名片的背后，周恩来和博古联名写道："张冲同志奔走国共合作，卓著辛劳，请以同志关系接待。"

然而，代表团一行抵莫斯科两周后，张冲仍无法将名片交与王明，原因是苏方声称，他们不知道王明其人，只能将名片奉还。无奈之下，张冲来找父亲商量。父亲深知此事关系重大，一口答应为其设法。当时，苏共虽是共产国际的主要成员，但苏联的政策一向是政府部门不能插手苏共与各兄弟党之间的交往事务，以免影响苏联政府的对外关系。但是，这条戒律锁不住父亲的报国之心。他不避风险，先是写信给共产国际原东方部负责人米夫（他曾在中山大学任教，父亲曾是他的学生），而后又驱车径往克里姆林宫附近的共产国际总部（对外交人员来说，此地乃是禁区），几经曲折，终于完成了递交名片的任务。

其后，王明在自己家中接待了张冲，两人长谈至深夜。接着，斯大林接见并设宴招待了杨杰和张冲。斯大林强调"中国国家大，人口多，只要动员起人民的力量，必能打败日本侵略者"，但他并未做出关于出兵和支援的表示。

辛勤笔耕

1939 年冬，父亲带着我们全家返回祖国，抵达战时的首都重庆。在重庆的六年，是父亲著述的高峰时期。他先后出版了有关苏联的著作七部，其中《苏联建国史》、《苏联》（上、下册）、《革命以前俄国经济》均由商务印书馆出版，在社会上产生了广泛的影响。1942 年，郭沫若曾在中苏文化协会举办的讲演会中称道："西门宗华先生是专门研究苏联问题的，关于苏联有大部的著作，一定会有很精彩的材料贡献给各位。"

当年，父亲还经常给报刊写稿，《大公报》即是常发表他文章的一家报纸。"二战"中，父亲那些评析苏德战场形势的文章，使不少读者受到鼓舞，树立起苏联必胜、法西斯德国必败的信心。

1943 年，父亲依据 1937 年春随蒋廷黻大使去苏联南部乌克兰、格鲁吉亚地区考察的见闻，写下 13000 字的《南俄考察回忆记》，发表在《东方杂志》（第 39 卷第 17 号）。在这篇脍炙人口的文章中，他以情景交融的笔触，向读者展示出苏联社会主义建设的伟大成就：在这片富饶土地上兴建起的一座座巨人般的工矿企业——第聂伯河水电站、现代化炼油厂、炼钢厂、拖拉机厂。对沿途所见的历史文物、风土人情以及苏联当年在这个多民族的地区所推行的民族政策的成效等均深入细致地予以描述。在文章前面所加的小引中，父亲写道："1941 年 6 月 22 日，苏德战起，德军侵入乌克兰，将苏联南部之开矿业及其他重工业，施以蹂躏。翌年且冒险深入北高加索。敌蹄所至，庐舍为墟。苏联国民历年血汗之创业，惨遭毁灭。每忆及南俄昔日蓬勃繁荣之象，益令人生同仇敌忾之心。客冬以来，苏军战旗南指，既歼灭入寇北高加索之德匪军，最近数月复连克乌克兰之历史名城多座……德匪自苏境溃败撤散之日，当不在远；苏联伟大之创业，将重见于南俄各地。回忆往事，憧憬未来，不胜感慨……因为记。"

在重庆时，另一桩父亲投入巨大精力和热情的事是中苏文化协会的工作。1935 年在南京酝酿成立协会时，父亲便被推举为筹备委员会委员。同年 10 月协会宣告成立，孙科当会长，蔡元培、于右任、颜惠庆为名誉会长。抗战期间在重庆，中苏文化协会是一个非常活跃的文化团体，经常举行各种集会，如十月革命纪念会，中苏文化界人士联谊会，中苏妇女、儿童联谊会等，并通过办展览、放映苏联电影、办文化沙龙吸引群众。当年，中国共产党为了扩大抗日民族统一战线，也通过中苏文化协会这个合法阵地，宣传马列主义、宣传团结抗战和民主。因此，一些民主党派的重要成员和国民党上层人士中的左派，也都积极参与协会的活动，不少人还在协会一些部门担任领导。父亲当时任协会常务理事兼编译委员会主任委员，曹靖华为副主任委员。在积极筹划、组织多项活动的同时，父亲还主编出版了苏联社会科学丛书，曹靖华主编了苏联文艺丛书。这两套丛书颇受读者欢迎。

1945 年 9 月 2 日，为中苏友好同盟条约签订和苏联新任驻华大使的到来，中苏文化协会举行庆祝酒会。当时毛主席恰好为国共谈判来到重庆，也应邀出席。酒会盛况空前，父亲第一次见到了毛主席，兴奋的心情难以言表。

记得那时，我正在南开中学就读，由于是住校只在周末回家住一夜。晚上，我总看到父亲在灯下伏案疾书，不是写文章，就是给友人写信，直到深夜。尽管不了解书写的具体内容，但我知道：友协的工作和他个人著作的出版，在父亲心中最为至上。他常致函的对象，至今还留在我记忆中的有屈武、邵力子、王芸生、傅学文、梁寒操等人。

新中国成立以后，父亲先在中央人民政府教育部工作，而后又到上海沪江大学、复旦大学任教。在这期间，他翻译出版了列宁夫人克鲁普斯卡娅的《论儿童新教育》《伟大的思想家柏林斯基论教育》《苏联集体农场法》等多部著作。多年的学识积累,使父亲对风云变幻的国际形势有着敏锐的洞察力。1953年斯大林逝世后,由于赫鲁晓夫推行的种种政策,父亲于1955年断言:"中苏两党的关系最终将破裂,'中苏两国牢不可破的友谊万岁'这句口号将进入历史的博物馆……"

报国激情未泯

父亲曾在信中对我说:"我国目下还缺少一部百科全书,想来今后会编出来。而编百科全书,需要参考古今中外的百科全书,以资借鉴。要知道,苏联的大百科全书自1928年开始按字母出版,至今没有出全,其间又易版本,当然是当时政治情况有变化所致。如果把这些不同的版本(特别是斯大林时期的版本)全部翻译出来,恐怕动员全国懂俄语、能翻译的人来做这事,也非亘数年之久不可。我残年无所事事,如被叫去参加这样一种工作,我将认为乃此生之大幸……"父亲在翻译方面有很深的造诣,他完全具备这个能力。在那些岁月里,虽然困难重重,希望渺茫,父亲为了心中的情结,仍多方求助人们给他一个工作的机会。

在父亲求助的人当中,陈翰笙先生是始终给予他真诚帮助的一位。陈先生长父亲8岁,自20世纪30年代两人在上海相识,往后的许多年里虽一直身处异地,但他们的友谊却经历了时间的考验。1959年春节,父亲收到陈先生自北京寄来的一张贺卡,上面题了14个字:"时代车轮猛向前,祝君愉快享新年。"1961年,陈先生偕夫人外出考察,途经上海,两位老友彼此畅叙了近30年的别情。1962年下半年,中宣部曾酝酿成立编译局。经陈先生和复旦大学陈望道校长的推荐,当时的中宣部副部长周扬已批准父亲去这个局工作。但后来,中央决定暂不设立这个机构,此事无果而终。父亲曾告诉我:"陈先生对我所托,从不负人。"

可这一次，陈翰老只有无奈地对我说："我已为他做了我所能做的一切……"

1977 年 9 月 25 日，《光明日报》发表了一篇《建设世界第一流的科学技术队伍》的社论。父亲读后，心潮起伏，当即给我写信："我等待了将近 20 年，终于看到我们科技事业的伟大远景……时间确是一切事物的左券，20 年也不算太长，一刹那过来了。我幸未死去，终究可以期望一个新的人生的一页。"这也许是父亲平生又一次预见。

1978 年 7 月 20 日，上海市委有关机构宣布：摘掉父亲右派的帽子；虹口公安分局宣布当年以"反革命"罪对他判处管制是一桩错案。当这两项决定在大会上宣读时，父亲激动得不能自已。当天，他给我的来信写道："……那时那刻，20 年的往事一齐涌上心头。20 年来，特别是近 10 年来，我过着任何人所不能过的生活，人间竟许我这个苦人以新的生命，我何如此幸也？"

平反以后，组织上安排父亲在复旦大学世界经济研究所工作，他十分珍惜这个重新获得的工作机会，经常抱病工作到深夜，其间校审了多部书稿，并撰写了回忆录。在生命的最后岁月里，父亲脑海中思索最多的是台湾回归的问题。他曾在一篇回忆录的末尾写道："我暮年多故，亦是多病之人，但为祖国万年江山，常常想怎样在这方面献以绵薄，庶几在人间不虚此一行。"1980 年初春他来京会晤老友屈武时，也曾表露了这份心愿。然而，疾病缠身的父亲，终未能实现他暮年的壮志，于 1984 年 4 月 7 日 79 岁时离开了人世。

何兹全：爱国一书生

梅　辰

对北伐的关注，促使他走上史学研究之路

　　何兹全1911年生于山东菏泽。何家是当地的大户，既是书香门第，又是官宦之门，但何兹全这一支的祖上却未能延续家道的盛极，到他父亲时日趋衰落的家境已近贫寒，无奈之下他的父亲只好到河北保定军官学校入伍从军。到何兹全出生时，他的父亲已经做了小军官，家里因此多了一些收入。由于是家里最小的儿子，上边有一个哥哥和一个姐姐，所以何兹全从小就受到父母的宠爱，娇生惯养，没吃过苦，也没挨过打，用他自己的话来说就是因此养成了心地善良，平和软弱，不愿意争斗的性格。他认为从小挨打的孩子，容易激发脾气、暴躁以及报复的心理，乃至性格刚烈。

　　他的母亲是一个十分善良、慈祥而又随和的人，她乐于助人，常常帮助邻里乡亲，从来不和人斗嘴闹气。何兹全说自己与世无争，与人为

善，讲团结，另外还有点软弱的性格多是受了母亲的影响；他的父亲生性刚烈，为人正派，对上级抱有尽忠和感恩的思想，这种思想也或多或少地影响到了何兹全；小学时，语文老师给他们讲"中国的戏，不出四个字'忠、孝、仁、义'"，这些怎样做人的道理在他幼小的心灵中打上了深刻的烙印，让他铭记了一生。走入社会后，他的朋友各式各样，有进步的、也有反动的；有跟着蒋介石去台湾的，也有跟着共产党闹革命的；而他则一直是中间偏"左"，包括政治思想、为人处事等始终都持中庸的态度。他说："我就是这种性格的人，进步，但不过激。"他认为人类文明的总趋势是要向中间阶层发展的，今后，人类生产越丰富，人类越文明，中间阶层就会越大，这种枣核形的社会构成不会有太大的社会矛盾。人们的心态好了，社会也就相对稳定了。历史上两极分化较多，这样社会矛盾、阶级斗争也就多了。

1926 年末至 1927 年初，少年懵懂的何兹全参加了国民党。他回忆当年的情景时说："当时加入国民党应该说大半是稀里糊涂，小半也有点思想想法。那时我在南华学校（中、小学）读书，我们的校长是非常进步的，老师也有很进步的，另外还有很多同学跑到广州加入了黄埔军校……我就受了他们的影响。当时自己对国民党、对政治理想以及对三民主义等都没有太多的了解，但我从小就有'国家兴亡，匹夫有责'的思想，非常关注国内形势和北伐军的胜利发展，每天都迫不及待地在报纸上寻找北伐军的消息，并且还帮着报贩子往学校送报纸，对国民革命军的将领、编制以及北伐路线等都做了很多的记录，北伐军胜利的消息常使我兴奋不已。就是在那种情况下，我加入了国民党。"

对北伐战争的关注，促使他后来走上了历史学研究的道路。北伐战争失败后，在知识界有一种思潮就是反思革命为什么失败了？失败的原因是什么？于是在知识界兴起了研究中国社会、中国农村社会以及中国社会史的思潮。由于个性中喜欢刨根问底，何兹全就很想知道中国社会是怎么来的？它又是怎么发展的？由此引发了他对历史研究的兴趣。"在我的孩提时代，我从没想到过要学习历史这门学科，后来考入北京大学，那时考大学不分系，先进校后选系，每个人可以根据自己的兴趣随意选系，我选了政治系，后来发现政治系只讲现代政治，不讲历史根源，而我最主要的是想知道中国社会的发展过程，于是又转入史学系，自此开始了一生的历史研究。"关于为什么学了历史专业，何兹全如是说。

何兹全从大学到留学，经济上一直有族兄何思源先生提供资助，学业上又有多位知名学者护"学"，他感到自己实在是太幸运了。提起何思源先生，何兹全总有道不尽的感激之情："何思源（字仙槎）先生是我的族兄，我叫他仙槎大哥。解放前他曾任山东教育厅厅长等职务。解放前夕，他为北平的和平解放奔走、呼吁，国民党特务在他家里安放了定时炸弹，他的女儿何鲁美被炸死，全家受伤。国民党撤往台湾时，他留在了新中国，直到 1982 年去世。1931 年我考取北京大学后，我的大学及留学的生活费用和教育费用从此就都是由仙槎大哥提供，是他帮助我、资助我读书、留学，使我成人，我非常感激他，可以说没有他就没有我的今天，他对我的培育之恩，恩同再造，永生难忘，他是我没齿不忘的恩人。但我一生学无大绩，真的是辜负了他对我的厚恩厚望。"

何兹全是幸运的。他在大学时期的老师是曾任国民党中央执行委员会常委、国民党宣传部部长的陶希圣，陶在学术思想上给了他极大的影响和导引。在陶的影响下，何兹全走上了研究中国社会史的道路。另一位大学老师傅斯年先生，也是著名的历史学家（曾任北京大学代校长、台湾大学校长，筹建了"中央研究院历史语言研究所"，任所长），对他更是恩重如山。1935 年何兹全大学毕业后，本打算应傅斯年之约去史语所工作，但因仙槎大哥已说好送他去日本留学，于是他放弃了史语所的工作去了日本。从日本回国后，他编杂志、写社论，艰难地混日子，度日如年，是傅先生又邀他回史语所，才使他重新走上了做学问的道路。回首往事，他感慨万分："要不是傅先生让我回到史语所，我真不知道现在会在何处，也可能早就死了。是傅先生给了我重新再奋起的机会。"1995 年 12 月，何兹全应台湾"中央研究院历史语言研究所"所长杜正胜教授的邀请去台湾参加"纪念傅斯年先生百年诞辰学术研讨会"，使他有机会参拜了傅斯年先生之墓。在墓前他先行了三鞠躬礼，然后绕至墓旁跪下，沉痛默哀良久。此情此景，师生两人虽近在咫尺，却是天上人间，生死相隔，想起傅先生的培育之恩，何兹全不禁潸然泪下。

提到那些让何兹全难以忘怀的老师，就不能不说胡适先生。1947 年何兹全去美国留学，是胡先生给哥伦比亚大学历史学家 Goodrich 教授写了推荐信，使他如愿以偿。他至今依然清晰地记得胡先生当年给他们上课时的一段往事："当时有很多人都到北大来听课，学校里流行一句话：'正式生不如旁听生，旁听生不如偷听生。'旁听生是指北大学生，但没有选修这门课的人；偷听生则是指根本不是北大学生，却来听这门课的人。有一次胡先生上课时问：'你们哪位是偷听生啊？没关系，能来偷听更是好学之士。你们给我一个名字，就是我班上的学生……'我听了胡先生的话非常感动，他宽厚待人、身教言传的品德对我的人性成长有很大的启迪。"正是在这些先师和兄长的启迪、影响和帮助下，才成就了何兹全今天事业的辉煌。

一辈子做学问，一辈子不忘情国家

大学毕业后，何兹全在何思源的资助下直接去了日本留学，但不到一年他就回来了。在日本，他发现街上的日本人都步履匆匆，紧张而忙碌，像赶庙会一样，生活和工作也都是快节奏的。相比之下，中国国内却是一片歌舞升平，街上养花的、遛鸟的，悠哉闲哉……在日本的所见所闻使他猛然清醒："人家全国上下紧张勤奋，而我们却昏昏欲睡，麻木不仁。此时不是读书时，此地不是读书地。"于是他毅然决定回国。

回国后，当时北师大教育系的青年学生朱启贤正在积极地呼吁创办一个以乡村小学教师为对象的刊物——《教育短波》。朱启贤深切地感到，乡村小学教师知识结构及知识的丰富程度对千百万儿童的影响是中华民族的大事，何兹全被他的精神及热情所感动，便积极地投身其中。他们的《教育短波》当时办的很有生气，最高发行量曾达到过五万份，而当时上海的《大公报》也只有一万多份，从发行量上来说，它可能是当时全国发行量最多的杂志之一，现在北京各大图书馆仍可以查得到它。抗日战争爆发后，随着华北、南京等地的沦陷失守，《教育短波》的订阅量急剧下降，由原来的四万份左右直降到只有几千份的订量，于是他们决定停刊。何兹全说："《教育短波》一共办了五年，创办之初我们曾拉到了陈立夫的赞助。我们开始的想法是想先用他的钱把《教育短波》办起来，造出声势，使它能够得到学术界、教育界等各界名家的支持，给自己创造一些社会地位，这样就使得陈家只能出点钱支持我们，而不能控制我们。我们可以在上面发表我们自己的主张，我们的基本立场是进步的，都是拥护孙中山先生的，陈立夫也说不出什么来。当时我们还想出版以后有了社会知名度，经济上能够独立时就摆脱陈家的经济补助而独立发展。基于这种想法，我们先找了同乡庞镜塘，因为庞镜塘是陈立夫的人，正好这时候陈立夫来北京，庞就跟他说了此事，陈答应每月给 200 元开办费，以后办好了可以再多给，就这样《教育短波》办了起来。"何兹全说陈立夫之所以会支持这件事，主要原因是当时各党派都在北京拉学生，陈自然也想拉一些学生，而在当时来说，他们这一干人也算是一大批有才干、有学问的优秀青年，自然陈也就愿意拉他们扩大支持面。

决定停刊后，何兹全曾给陈立夫手下经管《教育短波》的叶秀峰写了封信，说钱是你们的，刊物是我们的，承蒙多年关怀，非常感激，君子绝交不出恶言，请从此绝，等等。后来时任教育部长的陈立夫还把何兹全找去谈了一次话，他说这个刊物正值年轻、富有朝气，正是成长的最好的时候，不要就这么停了，还是继续办吧……不过最终何兹全等人还是决定停办了。

1947 年 5 月，何兹全在仙槎大哥的资助下来到了美国的哥伦比亚大学留学，主要学习欧洲古代史和中世纪史。1949 年新中国成立后，摆在中国留学生面前有两条路：一条是回祖国大陆，另一条是留在美国，而何兹全还有第三条路就是去台湾地区，因为他的老师傅斯年先生以及史语所当时都已随国民党撤往台湾地区，并且他的书籍等物品也都已被带了过去，如果他选择去台湾地区是绝对没有问题的。更何况当时他在美国霍普金斯大学国际学院已经取得了研究员的职位和待遇，可以轻松地留在美国。但是在这三条路中，他却毅然选择了回国。国民党的大队人马都去了台湾地区，可他却单枪匹马地跑了回来，他说是"祖国"两字的神圣力量把我这个游子召唤回来了。俄国大史学家 M. Rostovzeff 一生流落欧美，临终时他曾非常伤感地说："我是一个没有祖国的人。"何兹全对此深有感触，他忘情地说："一个有祖国的人是无法体会到一个没有祖国的人的感情的，我心中的祖国是中国大陆，我是回来真诚地向共产党投降的，换取共产党的宽容，真心地想在它的领导下，建设国家，建设社会主义，建设人民的新中国。"何兹全说："鸦片战争以来 100 多年，中国的知识分子大多数生来就是爱国的，关心政治的。我也是这样的人，无能而又爱国心不死……很想为国家为人民做点事……一辈子做学问，一辈子不忘情国家……自誉'爱国一书生'。"

正是这一腔的爱国热血，使他在抗美援朝期间，毫不犹豫地把平时省吃俭用积攒下来的大约 20 两金子一并交给了北师大党委，通过师大党委捐给了志愿军。多年来他和夫人生活简朴，从无奢华，却多次为灾区捐款，为贫困学生解囊，而他们自己在金婚纪念日时，却是何兹全以画代实，用笔给夫人画了几十枚钻戒作为金婚礼物，他还风趣地说这才叫情谊无价。

中国封建社会分期的问题

何兹全提出"汉魏封建说"，他认为中国的封建社会开始于汉魏之际。汉魏之际，中国的社会经济有变化，并以可靠的历史文献证实这一变化是由古代社会到封建社会的转变。他说："我是研究社会史的，研究比较多的是商周到隋唐的社会状况，我对周的看法，对战国、秦、汉的看法，对魏晋南北朝的看法多和别人不一样。我提出了'汉魏之际封建说'。我认为中国是东汉末年和三国时期才进入封建社会的，战国、秦、汉是中国的古代社会，商、周是由部落、部落联盟，到国家、阶级社会的过渡时代，至多是早期国家时代。到了 1956 年'百花齐放，百家争鸣'的时候，我又提出了这个说法，当时一些史学界的学者，包括翦伯赞等都主张西周之际是封建社会的开始的观点，我发表了上述观点，是很大胆的，也很提心吊胆，担心不定何时就会遭批判。实际上，我只是提出我的认识，这只是我的研究成果，是'一家之言'，是否正确，还有待于历史评定。真理是客观存在的，人类对客观的认识是相对的。因为真理本身还在发展变化，认识总是会晚一步，和实践总有个距离。人类总是一步一步地接近客观真理，永远达不到客观真理，正所谓

'日取一半，万世不竭'。我只能说我对这段历史的认识接近历史的真实。"不过好在最终他并没有因此而遭批判。

何兹全认为看一个人在学术上是否有建树，一要看他有没有创新，对于学历史的人来说，就是对历史的认识是否有更进一步、更深一步的认识；二要看他是否有所突破，如果大家都停留在一种认识的迷惘上，他却能向前发展一步，这就是了不起的成绩。

何兹全对自己在学术上的评价是"贫乏"但"不浅薄"。他诚恳地说："比起老一代的学者来说，我们这一代人（指新中国成立时三四十岁的人）从小生活动荡，历经军阀混战、日本侵略、国共战争等，无时不在战争与动乱中。我生活在小城市，动乱得很，念书的机会就比我上一代差多了，所以我认为自己是贫乏的。比起我的老师傅斯年等人十几岁时就通背前四史、通背《十三经》那就差得太多了。比起前辈学者，他们是博学的，我们是贫乏的。之所以又说不浅薄，是指在学术见解上不浅薄。我很喜欢梁启超先生在自我评价时的一段话：'我写历史上的梁任公（梁启超）是写在近代史上起了很多作用的梁任公，像戊戌变法等，这是客观的自我评价。'我认为这样很好，人们应该客观地看自己、客观地评价自己，要有自知之明。"为此他这样评价自己的学术成就："我较早地接受了辩证唯物史观的影响，对自己在学术上的评价是不浅薄。和我的同代人比起来，我的聪明、才智、读书都不如他们，我很佩服他们，但我的思想方法是辩证唯物史观，这就好比虽然我的武艺不如他们，但我的武器好，我用的是机关枪，它可以使我的战果不比别人差太多。所以我说自己不浅薄。"

在《九十学术自我评述》中，何兹全又写道："我生的时代，是世界、中国千载不遇的大变动时代，也是一个大浪淘沙的时代，时间都浪费掉了！我是'幸运'的，也是'悲剧'的。"之所以说是悲剧，他认为这个问题可以就历史和个人的两方面来说：从历史来说，中国知识分子多悲剧，商鞅变法遭车裂；戊戌变法六君子被砍头；孔子、孟子虽都能寿终，却都惶惶一辈子；有好结局的可能就只有一个诸葛亮。而近代中国，又是一个大动荡的时代：太平天国、鸦片战争、军阀混战、北伐战争、抗日战争、解放战争，一直都没有安定下来，无数有才华的知识分子被吞噬了，这些都是中国知识分子的悲剧。而就其个人来说，生在一个多变的时代，连年混乱，疲于逃难，没有时间多读书，一生的时间大部分都被浪费掉了。如果不是这么动乱，如果能把时间都用在学术上，他觉得自己的成就应该比现在高，应该更上一层楼。所以他才嗟叹"我是悲剧的"。然而所幸的是他既没被杀头，又没被大浪淘去，所以他又感叹："我是幸运的。"

何兹全自我评价在聪明才智上只能算是个中人，是中等之才，不是个有才华的人，虽说没有才气，生性又鲁钝，但他却极好钻研，有一种"打破砂锅璺到底，要问砂锅几道纹"的坚韧精神。他说历史上不乏上人，像孔子、司马迁、马克思、恩格斯等都应该算作上人，司马迁认识问题、思考问题的水平是胜人一筹的，他的老师陶希圣、傅斯年也都是学而知之的上人。以前傅先生给他们上课时引文，想不起出处时就背，觉得可能在《尚书》里，就呜噜呜噜地背一大段《尚书》，发现不对，不在这篇，就又呜噜呜噜地再背一大段，哎！找着了，在这儿！足见其中的功夫。

用小说体传播历史知识

何兹全很赞成用小说体来传播历史知识，他说中国人知道最多的中国历史就是三国史，为什么？因为《三国演义》太深入人心了。三国时期的历史人物，曹操、诸葛亮那是历史上有地位的人物，可是像张飞、关羽等却不是什么重要的历史人物，但他们的知名度在历史上却比那些比他们地位高得多的人要高。因此他呼吁，历史学家应重视用小说体来传播历史知识。他说自己一直有写章回体历史小说的念头，如果要写的话会从秦汉史先入手。

针对社会上"读史没有饭吃"这种现象，何兹全认为这主要是社会问题，文科知识分子现在出路不行，工作不好找，挣钱又不多。目前社会上普遍是什么挣钱多就学什么，现在历史系招生困难也跟这个有关系。学生毕业后不好找工作，报志愿的时候他就会慎重考虑，人们在考大学选专业时，更多地要考虑到将来的出路问题。只有等大家都富裕了，衣食无忧了，人们才会从追求物质的满足过渡到追求精神上的享受，当人们有了一定的社会阅历和人生经历的时候，才会认识到学史的重要性，才会自觉自愿地学习历史。政治家前知八百后知八百的本领都是从学历史、学哲学、学人类积累起来的一切知识和智慧中来的。司马光编纂《资治通鉴》，就是为了让后人能够以史为鉴，从历史上的成败兴亡、盛衰得失、褒贬君臣、纵横捭阖中得到启发，从而反躬自问，知所行止。无数古今事实证明，史载的经验、教训总是直接或间接地给人以知识和智慧，教育人慎思明理、辨别是非。人类应该了解过去的人是怎样走过来的，未来又可能朝着哪个方向发展。通过了解人类的历史以及社会的发展方向，人们就会知道哪些事是可以避免的、哪些事是可以借鉴的。比如历史上凡是荒淫腐败必然导致亡国亡朝，每一个王朝最后灭亡都是因为君昏臣乱，相反，如果君明臣忠，则国富民安，这些都是历史留给我们的经验、教训。

他强调在科学技术很发达的今天，注重科学发展固然很有必要，但绝不能轻视、漠视文科，文科是谱写人类社会前景的。科学可以制造原子弹、计算机，可以架桥、铺路，可以提高社会生产力，但如果人文科学滞后羸弱，就有可能导致人类社会的毁灭。一个决策的失误，就有可能带来人类的大劫难，因此我们没有理由轻视文科。文、史、哲是大政方针，是指导人类方向的航标，人类的思想品德、道德理想都体现在这里面。

他说"上帝"赋予历史学以及历史学家的使命有二：一是研究历史，总结历史认识和经验，提高对历史、社会、人类自我的认识；二是把总结历史得来的经验和认识普及化，使他成为全人类的财富。

悲剧的主角

——叶公超的学者生涯与从政经历

————

方继孝

一

叶公超是清末民初的著名学者、大藏书家叶恭绰的侄子，叶恭绰也以诗、书、画闻名于世。叶公超自幼失怙，由叔父叶恭绰抚育成人。受叔父的影响和熏陶，叶公超亦擅书法、绘画，长于墨竹，其所画兰蕙，潇洒如其行草书。

由于叶公超跟随国民党政府赴台，曾任"国民党政府行政院政务委员"兼"外交部长"，后任"驻美大使"等职。在他去台后，祖国大陆对他的情况知道的就很少了，其书画作品在大陆更是难得一见。近些年，随着两岸的文化交流不断增多，从大陆去往台湾的文人、政客的手迹在大陆的拍场上不断出现。这几年，我收藏的诸如梁实秋、台静农、谢冰莹、陈雪屏等信札、书法等皆得自于拍场。叶公超的墨迹，鄙寓入藏两件，其中一件是他写给梦谷、退村先生的信函二页。函云：

> 梦谷、退村道兄大鉴：关于省立博物馆租金事，弟昨函光夏厅长请其通知该馆将租金三千元及木架租金贰千元免去，由本金致送该馆员工茶水（费）一千元。顷已得光夏厅长复函照办。前收复函夹上，希与陈馆长洽说清楚，以便弟去函阎厅长道谢也。手此并颂艺祺。
>
> 弟叶公超顿首
> 十二月廿日

笺纸为黄维琚先生抚汉长乐未央瓦图，极素美。信中所云，我没有进行考证。不过关于入藏叶公超这通信札的经过，倒是值得说说的。这通书札是几年前在北京中国书店的一次拍卖会上出现的，或许是因叶公超的信札首次在北京拍场上登台亮相，加上叶公超在中国现代教育史上有特殊地位，致使拍场上藏家对此进行了激烈角逐。最终这件藏品以高价被一买家竞得。我是参与竞争者之一，而且我的收藏专题也非常需要叶氏的手迹，但终因价格原因，中途放弃了。一年后，那位拍到叶公超书札的人因更需要我的某件藏品，主动提出与我交换。最终叶公超的书札入藏寒斋。之后，还是在这家拍卖公司，我又竞得叶公超所绘墨竹立轴一件。巧的是，前者书写时间为甲午年。而后者所绘时间为丙午年（正月初三所写）。都是马年所为，只是相隔了一轮12年。按农历推算，这个"甲午"年，是1954年，这年的5月叶公超始任"行政院"政务委员兼"外交部部长"，正是他在官场上春风得意之时；而"丙午"年，是1966年，这时叶公超已从美国大使任上卸职五个年头了。

我们来看一看叶公超的人生经历，让我们感叹的是，叶公超曾经是一位具有多姿多彩生涯的学人。

二

　　叶公超，名崇智，字公超，广东番禺人，1904 年生于江西九江。1918 年，叶公超在天津南开中学读书。五四运动时，他是"南开救国十人团"的核心人物。五四过后，家人怕他耽误学业，于第二年将他送往美国。在美国读完高中、大学后，他转入英国剑桥大学玛地兰学院深造，并于 1924 年获文学硕士学位。后叶公超离开英国，在巴黎大学作短期研究。

　　在英国期间，由于酷爱诗歌，他认识了著名诗人艾略特，并深受其影响。这也使他成为第一个向国内介绍艾略特的人，而他的学生赵萝蕤是第一个把艾略特的名作《荒原》翻译出版的学者，她在谈到叶公超时无不表示自己的敬意："他一目十行，没有哪本书的内容他不知道，作为老师，我猜他不怎么备课，只是凭自己的才华信口开河，说到哪里是哪里，反正他的文艺理论知识多得很，用十辆卡车也装不完的。"

　　1926 年秋天，叶公超回国。一开始他在北京大学和北京师范大学任教，兼任北京《英文日报》和《远东英文时报》编辑。由于时局动荡，叶公超于 1927 年春天南下上海，担任暨南大学教授兼外文系主任，第二年又应胡适聘请，兼任中国公学西洋文学系教授。

　　1929 年叶公超离沪北上，担任清华大学西洋文学系教授兼北京大学讲师。在清华和北大先后开设了大一和大二英文、英文作文、英国短篇小说、英国戏剧、英美现代诗、18 世纪英国文学、19 世纪浪漫主义运动、文艺理论和翻译史等课程，范围之广已属少见，而其精湛的英文和文学修养在半个世纪之后还为学生所钦佩不已。后来在中国现代文学和学术史上卓有建树、大名鼎鼎的钱锺书、季羡林、杨联升、吴世昌、王岷源、卞之琳、王辛笛、曹葆华、常风、赵萝蕤、张骏祥等，都是受到叶公超的赏识、关注和指点，从而在治学、创作或翻译的道路上突飞猛进的。西南联大时期的杨周翰、王佐良、李赋宁等都是叶公超的高足。

叶公超还是著名新月派作家。1928年，《新月》杂志创刊时叶公超还在上海，他是《新月》杂志主要发起人之一。《新月》的问世让他的研究创作进入黄金时代，许多文章就是这时候写的。他除了单独撰稿外，还主持编写《海外出版界》专栏。这一时期，他与胡适、徐志摩、周作人、沈从文、林徽因等过从甚密。在《新月》后期，遇到杂志困难无人负责时，他临危受命，多次出任编辑（其实是主编），竭尽全力维护自由知识分子的这个文化阵地。这时期，作者有葆华（曹葆华）、中书君（钱锺书）、常风、灌婴（余冠英）、长之（李长之）、曦晨（李广田）、孙毓棠、卞之琳、杨季康（杨绛）等一批新人。这些人都是他的学生，有人认为他们"大抵因投稿《新月》而成名"，这是实情。《新月》停刊后，叶公超与闻一多、林徽因、余上沅创办《学文》月刊。这个刊物的作者队伍基本上是《新月》的原班人马，也吸收了一批清华、北大的高才生，其中有钱锺书、季羡林、杨联升等人。该杂志出版到第4期，就因为经费问题和叶公超出国休假而停刊了。1937年5月，他又与朱光潜、杨振声、朱自清等推出了卓有影响的《文学》杂志，他发表的《论新诗》一文，被誉为"中国新诗论的经典之作"。显然，与叶公超声应气求者，大多是新月派文人，共同的价值追求和文化理想使他们走到了一起，他们或探讨学问，或携手办刊，其所作所为，堪称一帧帧五彩斑斓的文化图景。

叶公超也是一位文学评论家。令人刮目的是，作为文学评论家的叶公超当时就说："现在最迫切需要的，是独立而严格的艺术批评。"他认为："我们过去老套的艺术批评，全是捧人的。有的批评，非但不能帮助艺术家，反而压制他们的创造力。"他在徐志摩死后撰文，认为徐的散文成就高于他的诗作。尽管他对左翼作家无好感，但在鲁迅刚故去时，他便写了《鲁迅》和《关于非战士的鲁迅》两篇文章，肯定鲁迅的价值，肯定鲁迅在小说史上的成就，称赞鲁迅的文字功力，认为"中国大环境未能让鲁迅静下心来，写几部有分量的书，如中国文学史之类，是十分可惜的"，并断言"骂他的人和被他骂的人实在没有一个在任何方面与他同等的"。抗日战争爆发后，叶公超经长沙抵达昆明，担任西南联合大学外文系主任。在此期间，他还发表了《谈白话散文》《文艺与经验》等文，均有不容忽视的理论价值。

1940 年，叶公超弃学从政，步入外交界。自此，他告别了 14 年的教学生涯。他成就卓著的学者生涯也由此告一段落。

三

叶公超之所以弃学从政，这还与举世闻名的毛公鼎有关。

毛公鼎是距今 2800 多年前中国的一件宗庙祭器。它的内壁铸有 500 个字的长铭，是现存商、周两代 7000 多件有铭文的铜器中铭文最长的一件。铭文的内容可分成七段，大意是说：周宣王即位之初，亟思振兴朝政，乃请叔父毛公为其治理国家内外的大小政务，并饬勤公无私，又令毛公族人担任禁卫军，保护王室，最后颁赠厚赐，毛公因而铸鼎传示子孙永宝。由内容推测，毛公鼎应铸于周宣王元年（公元前 827 年）时，其铭文价值可凌驾于《尚书》，是研究西周史最珍贵的文献，因此毛公鼎可称是举世的瑰宝重器。毛公鼎于道光末年（1850 年）在陕西岐山出土，于咸丰二年（1852 年）被陕西古董商苏亿年运到北京。后由翰林院编修、国史馆协修、著名金石学家陈介祺以三年俸银为代价购藏。

陈介祺，山东潍县人，与当时的收藏大家王懿荣、潘祖荫、吴大澄、吴云等常相过从，共同考辨古物，研究文字。陈氏于青铜器、陶器、古钱、古印玺、石刻造像等收藏既多且精，并且精于考释。他的"万印楼"现为山东省级重点文物保护单位，故居陈列馆在其 180 周年诞辰时开放。陈介祺被公推为 19 世纪末最有成就的收藏家之一。毛公鼎在陈氏手上收藏了 30 年。陈氏对其他收藏都乐于公之于世，印成目录，昭示天下，唯有对毛公鼎深锁密藏，秘不示人。陈氏病故后，陈氏后人又继藏了 20 年。20 世纪初，两江总督端方依仗权势派人至陈家，限三日交鼎，强行买走。毛公鼎到端府后没几年，端方即在四川被保路运动中的新军刺死。后端方之女出嫁河南项城袁氏，端府欲以毛公鼎作陪嫁，而袁家不敢接受，端氏后裔遂将鼎抵押在天津的华俄道胜银行。可是后来其家道中落，端氏所收的许多青铜器均经过端氏的把兄弟、美国人福开森卖了出去，此鼎在抵押中自然亦无力赎回。

1919 年至 1920 年，一美商欲出资五万美元将毛公鼎买走。消息传出，国内舆论哗然。民国间曾任广东政府财政部长、交通总长的大收藏家叶恭绰知道了，决意与美国人角逐，想方设法将鼎留在国内。叶恭绰本力劝国内有实力者买下，后来却不意传来流言蜚语，说叶恭绰想在内中捞取好处。叶恭绰一气之下变卖了其他文物，索性自己买了下来。于是毛公鼎又来到叶家，一待又是十几年。叶恭绰先是把毛公鼎放在其天津家中，后又移至上海。叶恭绰买下毛公鼎后，曾拓下铭文，分送亲友，圈内人均知鼎已移至上海的叶恭绰寓所懿园。抗战中叶恭绰避之香港，香港沦陷后，日本人胁迫他出任伪交通总长。他称病予以拒绝，足不出户。叶恭绰在香港的日子过不安宁，整日生活在日本人监视之中，谁知上海方面又后院起火。原来叶恭绰在上海的一个姨太太因财产问题闹纠纷，竟把毛公鼎藏于懿园的消息捅给了日本人，闹得日方三番五次前来搜查。叶恭绰得知后万分焦急，即刻发电报到昆明，叫他的侄子叶公超（西南联大教授）来港晤商。叶公超遂赴上海，为保护宝鼎与敌人周旋。叶公超到上海刚把毛公鼎安顿好就遭到日方的拘捕，在狱中受刑七次，苦不堪言，差点丧命，后嘱家人赶快设法请人仿造一鼎交出去了事。后经叶恭绰在香港遥控指挥，多方托人设法营救，好歹总算保住叶公超的性命，毛公鼎遂得以转移香港，面交叶恭绰。

抗战胜利前，叶恭绰被日军押解回沪，仍是称病不出。然而此时叶家一个庞大的家族全仰仗他一人养活，叶恭绰抗战之前就已退出政界隐居不仕了，经济实力已大不如前。十余年下来全家人坐吃山空，还要抚养好几个子侄在外国留学，叶恭绰逐渐觉力不能支，只好靠变卖文物度日。到实在无奈之时，毛公鼎也保不住了。其时，抗战胜利在即，日军已节节败退，抗战胜利的大势已定。上海商人陈咏仁表示愿买此鼎，并约法抗战胜利后捐献国家。于是，宝鼎又转至陈咏仁手中。抗战胜利后的1946年，陈咏仁如约将宝鼎捐献给当时的南京政府，归原中央博物院筹备处收藏，现存台北故宫博物院。

历此风波的叶公超回到重庆后已无意并无法再回西南联大。不久，他被董显光邀到国民党中宣部国际宣传处工作，由此而踏上仕途。

四

叶公超走下教坛走上政坛为许多人所不理解。王辛笛说："在旧日师友之间，我们常常为公超先生在抗战期间由西南联大弃教从政，深致惋叹，既为他一肚皮学问可惜，也都认为他哪里是个旧社会中做官的材料，却就此断送了他13年教学的苜蓿生涯，这真是个时代的错误。"

1949年叶公超到台湾，先后任"外交部长""驻美大使"和"资政"等职。1961年10月，叶公超被蒋介石政权从"驻美大使"任上召回台湾，起因是1961年联合国大会讨论蒙古入会案，时任台湾驻美

"大使"的叶公超审度情势，认为"不能再坚持否决立场"，故投了弃权票。蒋介石认为应投反对票，为此叶公超即被召回"述职"。

被逐出政坛以后，叶公超的生活趋于平淡，他一度被梁实秋拖到台大讲课，但不久作罢。渐次他失去了当日的风流偶傥，到晚年更显老态龙钟。赋闲后他醉心于诗词和书画艺术，且有许多独到见解。他喜画竹，友人多向他求画。他曾自云："怒而写竹，喜而绘兰，闲而狩猎，感而赋诗。"他又说："书画不会得罪人，又无损自己，是好的养性方法。当一个人手执画笔的时候，世俗杂事都在九霄云外，宠辱皆忘。"在解嘲中显出豁达来。1975 年，他辑《叶遐庵先生书画集》，请张大千先生为其作序。

叶公超晚年缠绵病榻，他在绝笔《病中琐记》中不胜喟叹："回想这一生，竟觉得自己是悲剧的主角。"1981 年叶公超逝世，享年 78 岁。

大众的哲人

——我的父亲艾思奇

李昕东口述　杨玉珍整理

我的父亲艾思奇离开我们已经 46 年了。那年，我 21 岁，刚考上大学就生病在家，心想好不容易能有机会跟父亲交流了，而他却在这时突然离我而去。在这之前，我小学读书是住校，后来中学回家住了，父亲每天又特别忙，我对父亲是一点都不了解的。我后来对他的认知和了解，大多数是从书本上进行的，和所有后生学者一样，是随年龄的增长和知识的丰富，从感性认识到理性认识的一个逐步深化的过程。而这种从无知到渐趋丰富的了解和领悟，用了我整整 40 年。

我自幼健康受创，受父亲生前的引导，长期关注中西医理论的比较，并由此转向"李约瑟难题"的思考。而长年协助母亲整理父亲的资料，特别是有关父亲公开文献中存在的某些伪史料，又使我意识到"艾思奇难题"的客观现实。当蒋介石家族的高参马壁先生说出那番令人震惊的话时，我开始领悟到：我被动地进行着两个"难题"的学术探索，而这正是父亲留给我的责任和遗产，因为它们都通向了对"人"的哲学和祖国命运的思考。

出身哲学世家的少年

父亲出身于哲学世家。我的曾祖父李德润，是滇西华侨儒商，常年往来于家乡云南腾冲和缅甸仰光之间做生意。他的"双文化"（中、西文化）教育观，对儿孙们的成长有莫大的影响。我的祖父李曰垓，是同盟会会员，也是辛亥革命和护国战争的功臣。父亲的义父蔡锷临终前曾嘱托祖父，请他襄助四川督军罗佩金的工作，为革命多做贡献。祖父辞世后，获得了人们的高度评价。

祖父早年在昆明高等学堂和京师大学堂读书时，就已经研读了中、西哲学，并表现出对哲学的特殊兴趣。后在流寓苏沪期间，他对自己多年的革命实践进行反思，对中西文化和哲学也进行过深入的比较思考，并在苏州与章太炎先生研究过国学，这对父亲的成长和哲学思维的形成都有很大的影响。父亲的五叔李曰基，是中共云南首届省委的军事负责人，曾致力于中国哲学史的研究，并对佛学有较深造诣。父亲的大哥李生庄，1920 年即和诗人柯仲平一起参与创建马克思主义研究小组，后来进入东南大学攻读西洋哲学，并师从章太炎研学经史。父亲 15 岁就随大哥阅读马哲经典《反杜林论》，并能在学运中学以致用，曾以《什么是唯物史观》为题给学生演讲。在日本留学期间，父亲又广泛涉猎各种学科的知识，但最吸引他的还是哲学。从古希腊的柏拉图、苏格拉底、亚里士多德，到伏尔泰、卢梭、培根、斯宾诺莎、康德、黑格尔、费尔巴哈，他们的著作他都尝试用日文、德文对照着看。对于当时能找到的马克思主义原著和英、日文译本，他更是悉心研读。除此之外，父亲在中国先秦哲学方面也有较深的造诣，早在私塾启蒙时期就接触过这方面的知识。他通过西方哲学与先秦哲学的比较，认为西方文明的精髓是逻辑思维与科学分类，遂对作为西方哲学原点的逻辑学展开攻坚。他以东方思维的宏观视角，反复研读黑格尔的《小逻辑》，直至其破损不堪。这是《大众哲学》日后能扬名于西学东渐之路的开悟之举。

"救命的书"——《大众哲学》

1931年"九一八"事变后，全国掀起抗日热潮。当时父亲正在日本留学。他和其他留日爱国学生，为了表示对日本帝国主义的抗议，毅然弃学，随廖承志等人于同年年底回国。他来到上海，在五叔李曰基家住了一段后，于1932年8月到菲律宾华侨办的泉漳中学当了专教物理、化学的教员，并参加了反帝大同盟。1933年泉漳中学被查封后，父亲在著名共产党人、哲学家、"社联"发起人之一杜国庠的介绍下，加入了"社联"（中国社会科学家联盟）。社联成立于1930年5月20日，是一些进步的社会科学家在白色恐怖的环境中，为了继续探求用马克思主义拯救中国的真理，在上海成立的进步文化团体。他们翻译、研究、介绍马克思主义理论，发表和出版了许多宣传马克思主义的文章和书刊，在当时产生了巨大的社会影响。其间，父亲发表《22年来之中国哲学思潮》，对三民主义、五四运动和新启蒙运动的继承关系和历史意义作了高度评价。

父亲到社联后，主要从事哲学研究工作和马克思主义的宣传工作，曾担任"社联"的研究部部长。1934年6月，在社联的安排下，父亲进入《申报》流通读书指导部工作。《申报》当时设有《读书问答》专栏，刊登读书指导部回答读者提问的文章，由父亲和柳湜、夏征农轮流撰稿，公开答复一些带有普遍性的问题，这在当时是一个非常受欢迎的栏目。1934年10月，迫于当时形势，《读书问答》正式宣布停办。1934年11月10日，一个以"读书问答"原有宗旨、原班人马为基础的《读书生活》半月刊在上海正式创刊，李公朴任主编，柳湜、夏征农和父亲任编辑。创刊以后，父亲负责撰写《哲学讲话》《科学讲话》栏目，同时也为《读者问答》《名词浅释》撰稿。其间，父亲用了一年的时间，在《哲学讲话》栏目中写成24篇讲稿，从1934年11月至1935年10月在《读书生活》上连载，这就是后来的《大众哲学》。

从1925年开始父亲就参加共产党领导的活动，社联领导人许涤新被捕前一直主张发展父亲入党，直到1935年10月，父亲才在周扬、周立波的介绍下，秘密加入中国共产党，成为一名矢志不渝的共产主义战士。同时，也因此上了国民党军统局长戴笠的黑名单，多次险遭杀害。

1936年1月，在《读书生活》上连载的24篇文章，结集成册出版，原定名为《哲学讲话》，后因国民党当局禁止，才在1936年6月第4次再版时更名为《大众哲学》。父亲在文章中使用人们熟悉的事例和口语来讲解辩证唯物主义，并结合当时老百姓所面临的生活困境、失业等现实问题，讲述不同的世界观，帮助人们选择人生道路。在篇目设置上，也尽量使用通俗易懂的口语，如《哲学并不神秘》《卓别林和希特勒的胡子》《猫吃老鼠》《不是变戏法》等，总之，使用大众容易接受的形式和语言，使底层的劳动人民也能够接受。这种通俗易懂的写法揭开了哲学神秘的面纱，使哲学从高高在上的神坛走进广大民众的生活。这成为《大众哲学》成功的关键之一。

该书出版后，迅速风靡全国，受到广大青年和战士的热烈欢迎，从1936年到1948年这12年的时间内，共发行了32版，创造了出版界的奇迹，艾思奇的名字也随之传遍全国。

在20世纪三四十年代，曾有"一支歌""一本书"的说法，"一支歌"即聂耳的《义勇军进行曲》，"一本书"就是艾思奇的《大众哲学》。许多人读了这本书，接受了马克思主义哲学的影响，走上了革命道路。当时有《大众哲学》动员 10 万青年参加革命的说法，引起了国民党反动派的恐惧和仇视，当局曾多次禁止出版。但是越是禁止，就越禁不住；越是禁止，人们就越对这本神奇的书产生了强烈的好奇心。这里应当指出一个长期不为人们关注的历史真相：从 1931 年顾顺章叛变到 1935 年，在这期间，上海的中共党组织曾长期与中央失去联络，因此，白色恐怖对文化界群体构成了空前严峻的威胁。一批哲学思想的名篇精品，却在此时冲破了殖民者、军政府和黑社会的围剿，揭穿了"新生活运动"的"皇帝新衣"，震撼了民众，成为"新启蒙运动"的历史闪光点之一。《大众哲学》就是其中之一。

当时《大众哲学》受欢迎的程度后来被许多人津津乐道，甚至被广大青年称为"救命的书"。据老红军莫文骅回忆，1936 年在延安时，时任中国工农红军大学校长的林彪从毛主席那里回来后说："毛主席有一本《大众哲学》很好，我们学员都应该读一读。"红军指战员们看到这本书后，如获至宝，争相阅读，在油灯或烛光下"啃"得津津有味，油灯点完，还要躺到床上再议论一番。1941 年，闻一多先生也认真阅读《大众哲学》，他的助教何善周看见，就奇怪地问："闻先生，你看这本书做什么？这是一本入门书。"闻先生却认真地答道："入门书？这方面我还是小学生，我得从入门书看起。"参加过上甘岭战役的某部文教主任刘伦也回忆说："在战役间隙，借来一本《大众哲学》，这是教导员从国内带到国外伴随自己出生入死的书，他说这是一本好书，里边有战火也有真理，它就像火炬一样在革命青年中传播着。"

"噢，搞《大众哲学》的艾思奇来了！"

1937 年 10 月，父亲在党组织的安排下从上海调往延安。在延安的这段时间，是父亲与毛主席交往最密切的时光。他们除经常见面交流哲学问题，还留下三封书信，父亲与毛主席也因此结下了深深的"哲学情"。

父亲刚到延安时，延安举行欢迎大会，毛主席亲自出席，并让每位同志都先做一个自我介绍。当父亲介绍到自己时，毛主席满面笑容地对父亲说："噢！搞《大众哲学》的艾思奇来了！你好呀，思奇同志，你的《大众哲学》我读过好几遍了。最近你有新的著作吗？"据郭化若等人回忆，毛泽东当时还曾开玩笑说："我们是山中无老虎，猴子称大王呀！"得知父亲半年前刚出版了一本《哲学与生活》，毛主席又风趣地说："能否借我拜读呀？读完一定完璧归艾。"大家都笑了。

欢迎会后，父亲被任命为抗日军政大学的主任教员，兼任陕甘宁边区文化协会主席。父亲在抗大上课很受学生欢迎，大家都亲切地称呼他为"艾教员"。

一天，父亲正在备课，通信员跑来告诉他，中央办公厅派人送来了一封信，要他亲自去取。信取到后，一看到信封上那豪迈飘逸的字迹，父亲就知道这是毛主席写给他的。信中写道：

思奇同志：

你的《哲学与生活》是你的著作中更深刻的书，我读了得益很多，抄录了一些送请一看是否有抄错的。其中有一个问题略有疑点（不是基本的不同），请你再考虑一下，详情当面告诉。今日何时有暇，我来看你。

毛泽东

毛主席当时对《哲学与生活》这本书的内容抄录有 19 页之多，父亲为红军领袖的"礼贤下士"之风而感动。并且主席还对父亲的著作提出自己的不同意见，在摘抄中做了详细的注释。当晚，父亲便应邀到毛主席的窑洞拜会了主席，两人海阔天空，促膝长谈，直到第二天拂晓。

1938 年 1 月 13 日，父亲又收到了毛主席派人捎来的第二封信，内容如下：

思奇同志：

我没有《鲁迅全集》，有几本零的，《朝花夕拾》也在内，遍寻都不见了。

军事问题我在开始研究，但写文章暂时还不可能。

哲学书多研究一会儿再写还更好些，似不急在眼前几天。

梁漱溟到此，他的《乡村运动理论》有许多怪议论，可去找他谈谈。

有空可来谈，但请在星期一、星期五白天以外之晚上。

敬礼！

毛泽东

一月十二日夜

父亲按毛主席的意思，去跟梁漱溟先生谈了，并且一谈就是好几天。谈完以后，梁先生非常高兴。父亲当时只是个 28 岁的青年，能跟梁先生这位国学大师谈得如此融洽，让我不得不惊叹父亲知识的广博。不过从这封信还可以看出，父亲曾提醒主席，对红军战史进行哲学概括。

就在同一天，父亲收到了毛主席写给他的第三封信：

思奇同志：

瞿惠文（医生）、郭化若（军事编辑部主任）两同志各提出了一点哲学问题，付你一阅，阅后还我。

兴国调查如看完了请还我，如未，放在你处，只不要失掉了。

敬礼！

毛泽东

一月十二日

当年，毛主席与父亲经常为延安红军的文化建设和时局走向彻夜长谈，其后直到父亲辞世，这种情景没有再现过。虽然父亲未曾担任过中央委员，没有参与"毛选"编委这样重要的理论工作，但人们仍然把他看作中央的"秀才"。父亲在延安十年，著作颇丰，至今不能收齐，但最具标志性的文章《延安新哲学会缘起》不知何故却收在了旁人的传记中。

跟毛主席交往的这些事，父亲从未跟人提起，就算跟母亲王丹一也很少提及，但父亲把与主席通过的信都妥善地保存着。1946 年，胡宗南突袭延安，党中央撤离时，父亲把信和手稿交给母亲，嘱咐她一定要妥善保管。20 世纪 60 年代，母亲到荣宝斋装裱这些书信，被曹轶欧（康生妻子）发现。她提议公开发表，但被父亲拒绝。父亲对母亲说的只有四个字：不可招摇。"文革"期间，母亲怕这些资料丢失，就把信件和其他资料放在一个木箱里，转交给了张雷平少将。张将军把资料箱空运至大西北的"两弹"基地。"文革"结束后，虽然张将军已去世，但托他保存的资料原封未动地交还给了母亲。中央党校复校时，时任常务副校长的胡耀邦同志提出要抓紧时间抢救党史资料，母亲便把这些珍贵的资料正式交给了党中央，现保存在革命历史博物馆。

"艾教员是九品官"

新中国成立后，父亲被分配到中央党校做了一名普通教员。虽然位分不高，但父亲勤勤恳恳，在自己的岗位上尽职尽责。

新中国成立之初，父亲被邀请去给全国政协的委员们讲课。当时这些委员都是资深的民主人士，像张澜、沈钧儒、李济深、黄炎培、范文澜、侯外庐、李木庵等，他们不仅有丰富的政治经历，而且博古通今，学识渊博，如果给他们的课讲不好，就会影响党在民主人士中的威望，所以父亲认认真真备课，经常准备到深夜。

新中国成立后，人们需要了解中共哲学理念的科学性，而哲学本身涉及广泛，所以父亲的学生和听众来自党内外及社会各个阶层，文化水平差异很大，所提问题也五花八门，因此课外辅导学生消耗的时间，经常超出正常课时。父亲一生治学严谨，每次答疑解惑，谦和而耐心，务求使对方收获于心。他每日备课至深夜，卯时又练太极拳，以便能支撑超负荷的工作量。

父亲是北大的客座教授，常被邀请去北大和清华讲课，父亲"三进清华园"的故事一直被传为佳话。但其中也有一个小插曲。父亲在讲"矛盾的对立和统一"问题时，曾提出基本粒子仍然可分的命题。既然矛盾是普遍的，一切事物都是矛盾的统一，那么按照矛盾的普遍性，电子虽然被称为"基本"粒子，但仍是矛盾的统一，即仍是可分的。这在当时引起一片哗然。因为当时有很多实验都证明电子是最基本的粒子，已经不可能再分，所以大家最后得出的结论是"艾思奇不懂自然科学"。后来的事实证明，父亲的结论是正确的。随着科学的发展，"基本"粒子可分已经得到了有力的证明。

父亲虽然是一位哲学家，但他的本科专业却是自然科学。早在20

世纪 30 年代初，他就已经开始讲解爱因斯坦的相对论了。他不仅参与组织"自然辩证法研究会"，也是中国科普文学的开拓者之一。西方的哲学都来自自然科学的基础之上，父亲认为东方哲学也有异曲同工之妙。清华大学的人们不了解，其实父亲早已站在墨子的立场上来解读西方科学，所以才能提出粒子无限可分的观点，而这种认识与西方哲学不谋而合。

父亲自幼受祖父的教诲，对中国古代哲学多有涉猎，其中尤重墨子的实践观。这些国学知识使他受益一生。不仅如此，他对各国宗教也深有研究。他的哲学思想是在学贯中西、沟通古今的丰厚学养基础之上构建、提炼而成的，因此上海的学者朋友们曾送给他"百科辞书"的绰号。

正当父亲在自己的教员职位上勤勤恳恳工作的时候，意想不到的变故还是发生了。大概是 1953 年，陈伯达兼任马列学院副院长。有一天在食堂，他走到父亲的面前，竖起一个小手指头说，艾教员是九品官，意思是说，你的职位比芝麻官还小，玩笑中带有明显的威胁和嘲讽。他身为最高秘书，竟出此言，令在场的母亲和同事们倍感吃惊。可能是因为父亲经常被邀请去外面讲课，并且受到大家喜爱的原因，陈伯达觉得父亲要翘尾巴了，要不服管了，所以出言不逊。在那个政治敏感的年代，以党内第一秘书和理论家的身份，这样的玩笑绝非儿戏。陈伯达说父亲就是靠一本书（《大众哲学》）吃饭，并且这本书错误百出，翻开任何一页都能找到错误，从此各种流言开始出现。父亲便在他们组织的批判会中，违心地承认自己的"错误"，他只希望尽快解脱，以便尽快回到教学岗位。其实父亲早就说过，《大众哲学》是他在年轻时写过的一本书，幼稚之处在所难免，也正因如此，所以他一直在不断修订。

这件事出了之后，父亲被迫开始检讨，并承诺"以后再也不写这种粗制滥造的伪劣产品"，与青年出版社签订的出版合同也就此取消。从1953 年到 1978 年，《大众哲学》再也没有再版过。

这次风波，远不只是一场口头上的官司，后来竟演变成政治上的问题。在 1953 年 7 月"反官僚主义"运动中，中央党校马列学院党委作出这样的决定："对作为教员的艾思奇在教学与科研中的错误进行检查"，并向中央与毛主席呈交了报告。

父亲受到了这样的打击，心中的郁闷可想而知。也正是在这一年，母亲因为医疗事故住进医院。当时在医院里的母亲根本不知道这件事情，父亲也从未跟她说过。父亲的挚友吴亮平知道此事后，心里异常焦急，就建议父亲能不能去找一找毛主席，跟他说明此事，父亲坚决不答应。

我看到的父亲，是一个非常仁慈又极其宽厚的人，他不会对任何人发脾气，即使别人有反对的表现，他也不会在情绪或语言上与人产生对立。有这样一件事，中央党校孙定国副主任住我家楼下，他经常请父亲为他鉴别收藏，两位家属关系也一直热络和谐，而哲学教研室的同事却说，孙主任作为支部书记，经常在会上高声训斥父亲，而父亲的神色却平静如水，会后与孙的关系也一如既往，大家都很感慨。但是就算这样，为什么还有那么多人跟父亲过不去呢？这是我一直难以理解的问题。在工作中，同事们看到的父亲都是勤勤恳恳工作，把自己的时间都献给了教学，献给了每个学员。但他们不知道的是，父亲工作之外最想做的，是想用哲学的智慧，来探索科学的未知领域，并把自己的所想所得呈现给社会。但是，在超负荷的工作量和无意义的政治内耗下，他只有每日晨练太极拳，才有能力使身体顶住来自思想上和工作上的压力。

"我不是败给了共军，而是败给了艾思奇先生的《大众哲学》"

1976 年，因为父亲去世十年，他的许多老战友来看望或联络母亲。特别是康克清、邓颖超、李培之等老妈妈多次探问母亲的健康情况。陈云、王震、廖承志、黄华等老领导也十分关心母亲的生活状态。在许多的亲友往来中，最让人意外的，是 1981 年从台湾回大陆的马壁先生的出现。

马壁，蒋介石的高级幕僚。1984 年，他来到我们家，对我和母亲说了一番让我们难以置信的话。他说，蒋介石曾经说过，我不是败给了共军，而是败给了艾思奇的《大众哲学》。当时，包括我母亲在内，我们都被这句话惊得目瞪口呆。我们做梦也没有想到，时隔几十年后，我们会听到蒋介石说出这样的话，当时真是一点思想准备也没有。

原来，马壁先生从 1981 年从台湾回大陆之后，就一直在找我们，希望跟我们取得联系，但直到 1984 年才找到我和母亲。后来，我们和马壁先生曾有过多次交往。他当时住在北京的木樨地 22 号楼，我和母亲住在月坛南街南沙沟小区，都是国务院宿舍区，我也到他的家里去拜访过几次。正是在他的寓所里，他写下了那首如今挂在"艾思奇故居"里的诗："一卷书雄百万兵，攻心为上胜攻城。蒋军一败如山倒，哲学尤输仰令名。"诗后小字注曰："一九四九年蒋介石检讨战败原因，自认非败于中共之军队，乃败于艾思奇《大众哲学》之思想攻势，一九五七年夏月提到大众哲学余悸犹存。特写小诗七言绝句一首书赠。"1985 年马壁先生在老家去世。

当时马壁来我家的时候，我还以为和往常一样，是一位和父亲相熟的老友来了，所以当他说出他的身份并讲出那句话时，我真的感到非常意外。我当时心想，共产党的军队在解放战争中牺牲了那么多人，马壁先生怎么可以说出这样的话呢，蒋介石怎么可以说出这样的话呢？蒋介石曾经说过，得人心者得天下，他的人心可能就是从《大众哲学》开始失去的。在这之前，蒋介石在 1934 年 2 月搞"新生活运动"，目的就是为了赢得人心，他知道人心的重要性。当年他为了铲除心腹大患共产党，曾提出"七分政治，三分军事"的原则，并认为"以力服不如心服之有效"，所以把在南昌首先发动的"新生活运动"作为对付共产党的"有效之心服工具"。但是正当他的"新生活运动"进行得如火如荼的时候，父亲的一本《大众哲学》却"冲垮了'三民主义'的防线"。蒋介石曾指着下属陈立夫的鼻子大骂："共产党能写出一本《大众哲学》，你们怎么就写不出来?! 你们这帮吃白饭的，不做事!"并且，据说蒋介石不仅把《大众哲学》推荐给他的儿子和下属看，自己还常年放在案头翻阅。可见，蒋介石对当年艾思奇写出的这本《大众哲学》是"耿耿于怀"的，他能说出这样的话也在情理之中。只是作为这本书的作者——我的父亲艾思奇，恐怕做梦也不会想到，在他百年以后，还能听到蒋介石这样的评价。

探索未知与特立独行的一生

如所有历史人物一样，父亲的名字也有象征性和本体性的双重内涵。父亲对于我来说，始终像一个谜，许多问题至今无法解开。他的历史感和文化视野实在太宽，受到的误解又很离奇，所以我想，对"艾学"的研究，分清门类和时空是有效的。艾学的基本特点，即如陈云所说，是不唯书、不唯上的研究思考，虽引经据典，却有独立解释。

父亲是唯一勇于对马哲国际名人进行质疑的党内学者，曾对恩格斯、列宁、米丁的个别提法提出公开质疑。比如新中国成立初期，我们的国策是一切都效法"苏联老大哥",谁反对苏联专家,就将执行"有理无理三扁担"的惩戒。父亲却说,专家不了解中国的实际情况,所以他牺牲休息时间,自己写讲稿。不料,此书(后来的大学教科书之前身)后来成了苏联的学校教材。因此,中央党校的苏联专家曾说,艾思奇是我们培养的哲学家。

依我的浅见,"探索未知",这才是父亲择名"艾思奇"的本意,而"未知"中的症结,是对东西方主要文明形态在内在起源、哲学特质等方面的沟通和扬弃,这是中华振兴的核心软件,也是中国哲学家肩负的历史使命。

碧血丹心献神州

——记爱国者王礼锡先生

———

周英才

你们要尊重王礼锡先生，他是一位真正的爱国者。他从英国返回祖国，就是为了参加抗日救亡运动。他不图名，不图利，更不去做国民党的官，只希望马上奔赴战地当一名普通战士，竭尽绵薄。

——周恩来

人们在游览河南洛阳著名的龙门石窟时，总免不了要跨过伊水，登上东山琵琶峰去晋谒唐代大诗人白居易之墓。然而却很少有人知道，在与白居易墓遥遥相对的西山上，长眠着一位现代著名爱国诗人、政治活动家、蜚声海内外的国际反侵略战士王礼锡先生。

八步童子

王礼锡，字庶三，笔名王搏今，1901 年生于江西省安福县洲湖乡王屯村的一个书香世家。王礼锡六岁那年，父亲去世，与寡母彭淑才相依为命。他从小聪慧出众，顽皮过人，七岁时被叔祖父王仲兰领到身边，教以诗文，十岁时又带他到复真高等小学读书。

时值清末民初，社会变革风起云涌，孙中山、黄兴、李烈钧等一代风云人物的故事渐渐传到了乡间，在王礼锡幼小的心灵里漾起波澜。他很钦敬这些人物，视他们为楷模。

有一天，王礼锡跑到洲湖镇上一家"颜公斋"书店，偶然发现那里有不少的新版教科书和几本文艺书籍，他如饥似渴地读了起来，一读就是几个小时不走。他的举动引起了店主的注意，问他："小伢儿，你想买这些书吗？""没钱。"王礼锡说。"那好，你自己挑吧，送你几本。"老板显得很大方。"这些书我都已经看过了，不用。"哪能看这么快呢？老板不相信，认为小家伙在吹牛皮，遂决定考他一下。老板拿起一本他看过的书，提出几个问题叫王礼锡答。见他都答得上来，老板不禁惊喜地说："昔日曹子建七步成诗，刘克庄一目十行，如今我们洲湖也出这种人才了。"

这年阴历九月九日，复真小学组织学生远足游"紫霞坛"。老师领着大家看完秀丽山川和名胜古迹后，来到菊圃边，要学生以菊命题作一首五言诗，而且要在老师走十步的时间内作出来。结果同学们都未能在限期内作出，只有王礼锡走到第八步时就把诗作出来了："昨夜君入市，途中草木枯，借问傲霜菊，留得一枝无。"老师听罢连连称赞："好诗，好诗。"从此，王礼锡"八步童子"的雅号便流传开了。

1917 年，王礼锡终于离开了家乡，来到"江南望都"的吉安，就读于江西第六师范学校。由于新思潮的影响，王礼锡在校期间非常活跃，不仅与在北京读书的王造时、罗隆基等同乡书信往来，遥相呼应，积极参加五四爱国运动，而且与几位同学创办了《青年呼声》刊物，打出了反帝反封建的旗号，提倡科学与民主，要求学校改革教育，清除腐儒，弄得学校当局无法招架，结果王礼锡被校方开除。

1921 年，王礼锡在抚州江西第三师范学校毕业，但由于家境贫困，无法继续升学，只得在南昌心远大学当旁听生。那时他的生活极其艰苦，常常啃着家乡带来的生红薯充饥。"钝斧析湿薪，粗粮饱姜蒜"是他当时的生活写照。

王礼锡一面读书，一面研究唐宋诗词和民歌，同时也开始了他的音乐创作生涯。后来在上海出版的《市声草》诗歌集既真实地记录了他这一时期的生活经历和思想轨迹，也充分表现了他诗歌创作的才华。

忧烦岁月

1925 年，王礼锡因家庭无力接济，只好离校谋职，在南昌《新民报》作过副刊编辑，也在吉安江西第三农校当过老师，还曾致力于新旧诗和小说的创作……他经历了人生的坎坷，品尝了生活的甘苦，以至于他后来回忆说："这段时期，我的行动与思想都是非常杂乱的、忧烦的。"

1927 年，王礼锡参加了国民党，又先后作过江西省党部农民协会委员、广东国民政府农民部长、河北省党部委员、第三届国民党中央委员等。他与毛泽东、李汉俊等人赴武汉筹办过农民运动讲习所，主编过宣传农运的刊物《血汗》；后又调南京军委总政治部宣传处任职，与政治部副主任陈铭枢过从甚密，成为莫逆；在北平从事工运期间，与鲁迅的学生、女诗人陆晶清相识，后结为伉俪。

第一次国共合作时期，反帝和求得工农解放是国共两党共同的口号。到了后来，国民党作为统治者放弃了这些口号，而共产党则要继续坚持，两党之间出现裂痕。王礼锡是忠于这些口号的，他不遗余力地倾注了最大的热情为之奋斗。他从良好的愿望出发，希望国民党能有所转变。可是，国民党的倒行逆施，背叛革命，背叛人民，弄得"三民主义"不剩"一民"，"五权"不给"一权"，令王礼锡万念俱灰，愤然退党，并表示从此再也不担任国民党的任何职务。

1928 年 2 月，王礼锡来到上海，在《中央日报》与田汉创办并主编《摩登》副刊。发刊词称："摩登精神是新时代的先声，自由的怀疑的批判的精神也。"由于思想倾向问题，《摩登》副刊受到国民党当局的打击，不久后停办。

1929 年，陈铭枢出巨资接办上海"神州国光社"，王礼锡受聘于该社，主编《读书》杂志。为商谈编辑事宜，王礼锡会晤陈铭枢、王亚南、胡秋原、方天白等人，提出国光社要翻译出版社会进步书刊，为左翼作家提供出版园地，被陈等人所接受。

神州国光社原是一个出版中国古典艺术书籍和字画碑帖的店家。自从王礼锡主管《读书》杂志后，他不顾国民党当局的禁令，不怕"围剿"，坚持出版了马克思的《政治经济学批判》和列宁的《唯物论和经验批判论》等禁书；在文艺书籍方面，大量出版进步作品，如柔石的译著《浮士德与城》、贺非译的《静静的顿河》、侍衍译的《铁甲列车》、鲁迅译的中篇小说《十月》等作品。王礼锡还利用《读书》杂志开展了"中国社会史论战"，涉及的主要问题是中国应当进行什么性质的革命，依靠谁来革命，革命往哪里发展。当社会上的托派分子向马克思主义发动猖狂进攻时，革命的社会科学工作者在《读书》等杂志发表文章进行批驳，宣传共产党对中国社会和中国革命的基本看法。其中张闻天（署名刘梦云）的《中国经济之性质问题的研究》和刘苏华的《唯物辩证法与严灵峰》等文章，在当时产生了巨大反响。

自大革命失败后，很多左翼作家的活动都处于秘密状态，而王礼锡却公开在《读书》杂志上发表共产党理论家对中国社会史的看法和左翼作家论中国半封建半殖民地社会，以及革命对象是帝国主义和封建地主阶级的文章。这些动态，引起了南京国民政府的不满，立法院长林森就直接警告过陈铭枢："你神州国光社不要成为共产党说话的阵地。"

1932 年"一·二八"事变的第二天，王礼锡与戈公展、冯雪峰、郑伯奇、王亚南、陈望道、丁玲等人发起组织了中国著作家抗日会，王礼锡被选为执行委员。由他和胡秋原共同起草的《中国著作者为日军进攻上海屠杀民众宣言》，田汉、周谷城、郁达夫等 129 人签名在上海发表，颂扬第十九路军在上海抗战，也鼓舞了全国抗日军民的士气。与此同时，《读书》杂志还与《文化评论》合作，编印出版了小型报纸《抗日战争号外》，报道战争消息，提出全民抗战主张。由于王礼锡等人毫不顾忌国民党政府的警告与"禁令"，被当局视为眼中之钉、肉中之刺。不久，神州国光社在上海的总发行所和《读书》杂志编辑部及良友图书公司，一并被国民党特务在同一天捣毁。王礼锡不仅遭到通缉，还被上海"蓝衣社"特务组织列入暗杀名单。在此形势下，王礼锡被迫与夫人陆晶清于 1933 年 3 月离开祖国，远赴欧洲，开始了五年的流亡生涯。

异邦奔波

王礼锡初到伦敦，在一条住有中国留学生的小街上租下一间小房子，室内除摆下一张床、一张写字台和用几只旧木箱叠起来的"书架"外，几乎没有多余的空地。他们夫妻二人每月收到国内寄的生活费，只相当于一个官费留学生的标准，经济上十分拮据。

出国之前，王礼锡的英语水平较差，可是为了工作，为了生计，他不得不加倍刻苦学习英语。他一边学习，一边用笔名在伦敦的报刊上发表文章，过着卖文的日子。

旅欧五年，王礼锡的足迹几乎遍及欧洲各国。

他曾两次赴苏，及时地把苏联的革命斗争经验和建设成就向国内报道。他还与萧三一起代表中国作家出席了1934年8月召开的苏联第一次全国作家代表大会，见到了无产阶级的文学巨匠高尔基。

1935年6月，他又出席了在法国巴黎召开的第一届国际作家保障文化代表大会。会上，他作了"关于中国文化被压迫和斗争情况"的报告，会晤了著名作家巴比塞。

在英国，王礼锡发起组织了中国人民之友社，参加人员均系英伦名流和旅英爱国华侨。该社宣称其成立的目的在于：一、传播关于中国之正确观念，促进对中国文明之正确了解；二、援助中国之自由斗争；三、援助中国抵抗外敌；四、影响英国政府与中国订立平等条约；五、救济中国的天灾人祸；六、与其他同性质的团体合作，促进旅英华侨与英国人民之间的友谊。王礼锡担任了这个团体的秘书长。

1936年9月，王礼锡受国内之委托，出席了在布鲁塞尔召开的"世界和平大会"，并当选为主席团成员。王礼锡针对当时中国国内的状况，在会上发表了长篇演说，以"中国没有所谓的赤色恐怖，不能以消灭赤色恐怖为借口而不抵抗外国侵略"，痛斥了国民党蒋介石假抗日、真反共的可耻行径。同年12月，他促成"世界和平大会"以全体理事的名义，致电南京国民政府，抗议国民党当局逮捕各界救国会领袖沈钧儒等"七君子"，要求立即将他们全部开释。他激烈抨击蒋介石的"攘外必先安内"的反动政策，竭诚拥护中国共产党的"八一"宣言，先后写了大量文章寄回国内，发表在《救国时报》《全民月刊》等报刊。王礼锡大声疾呼："内战不应再有，外来的侵略必须抵抗。"

1937年7月抗日战争全面爆发后，身在异邦的王礼锡义愤填膺，热血沸腾，他到处奔走呼号，积极投入国际反侵略援华运动中，先后担任

了全英援华会副主席、世界和平理事会中国分会欧洲局主任等职。8 月
10 日，他起草了中国人民之友社致英国各报馆、杂志的公开信，痛斥日
本帝国主义的法西斯暴行，呼吁英国民众一齐起来援助中国人民抗战。
他作为重庆《新华日报》驻英国特约通讯员，曾多次撰文介绍国际援华
运动情况，鼓舞国内人民的抗战士气和决心。

1938 年 2 月，王礼锡等负责筹备的"世界援华制日大会"在伦敦
召开，大会作出了"援助中国抗战，制裁日本侵华"的决议，会后全体
与会人员在日弗格大广场进行了游行示威。会议期间，王礼锡与印度代
表孟囊商量，要求印度政府派医疗队去中国援助抗战，以推动世界援华
运动。一个月后，印度方面即派医学博士阿陀组队来华。

山河破碎，生灵涂炭，国内的抗战形势使王礼锡内心如煎如焚，在
海外再也待不下去了。他决定要回到祖国怀抱，回到抗日战争的第一线
去。10 月 20 日，全英援华会秘书长伍德门女士为王礼锡、陆晶清夫妇
饯行，出席宴会的有世界文化名人和印度领袖尼赫鲁等国际反侵略的政
治活动家四十余人。席间，王礼锡用英语朗诵了他的诗——《再会，英
国的朋友们》，慷慨悲壮，炽热动人，爱国之心溢于言表。其诗最后一
段是这样写的：

我去了。

我去加一滴赤血，

加一颗火热的心。

不是长城少不了我，

是我与长城相依为命。

没有我，无碍中华的新生，

没有中华，世界就塌了一座长城！

笔游击队

1938 年 12 月，王礼锡偕同夫人回到了生他养他、多灾多难的祖国，要为它"加一滴赤血"。翌年 1 月他抵达重庆，参加了中华全国文艺界抗敌协会，当选为理事，负责文协国际宣传委员会的工作。

早在 1938 年 3 月中华全国文艺界抗敌协会在武汉成立之初，周恩来即在成立大会上呼吁："希望作家们多多取材前线将士的英勇奋斗，与战区敌人的残暴、后方全民总动员的热情。""文协"响应周恩来的号召，决定成立作家战地访问团到战地去服务，后搁浅。次年，王礼锡说："枪杆子可以干的，笔杆子也可以干，要深入前线，深入虎穴，与敌人开展殊死斗争……"并表明了应尽快组团成行的强烈愿望。

6 月上旬，作家战地访问团在重庆正式组建，经周恩来建议，王礼锡担任团长，团员有李辉英、罗烽、杨朔、方殷等 13 人随行。访问团设有采访、宣传、组织、编辑、总务五个组，制定了详细的工作计划，要在六个月内访遍晋、冀、豫、察、绥、陕等省。访问团出发之前，"文协"于重庆"生生花园"举行仪式欢送，周恩来、郭沫若、邵力子、老舍等出席并致辞，本文开篇周恩来那段嘱咐就是在这个欢送会上讲的。郭沫若代表"文协"向王礼锡授了一面三角旗，上书"作家战地访问团"七个大字。王礼锡在"告别词"中激昂地说："抗战已经发生一年多了，全国人民在战场上，在壕沟里，在工厂里，在田地上，在办公室中，在公路上，在飞机大炮毒气的威胁下，流着汗，流着血，亲身经历这巨大的痛苦，亲身参加这伟大的斗争。而我，虽然在海外有很多工作要做，但终不能安慰自己的良心。在欧洲这最安全的遁逃薮中，我总不能自恕。所以，我决心要到反日的最前线去，去观察，去受难，去斗争，来和一切中国人，直接受抗战洗礼的中国人，立于同等的地位来工作。"

6月18日清晨，作家战地访问团在霏霏的细雨中，乘坐一辆破旧的汽车出发了。他们的路线是经成都，过绵阳，由河西进入陕西。那时正值端午节前后，每天大雨滂沱，加上汽车破旧，公路坑坑洼洼，一行人与其说是坐车，不如说是走路。战地访问团根本不能按计划行进，只好走到哪，算到哪，访问到哪。在行程中，他们经常落足在乡间或路边的鸡毛小店里，在昏暗的小油灯下谈工作、谈国事，记笔记、搞创作……访问团的生活是十分艰苦的，他们喝清泉、啃大饼，起早贪黑赶路，每人都尽最大的努力去完成自己担负的任务。

经过20多天的艰苦跋涉，7月13日战地访问团到达抗日前沿。在第一战区司令部驻地河南洛阳，王礼锡和团员们开始了繁忙的采访和慰问。第一战区司令部正副长官卫立煌、孙连仲两位将军，拥护和执行抗日民族统一战线；特别是在抗战的艰苦岁月中，他们浴血奋战，为国家和民族立下了功勋。访问团为了向他们表达激励之情，特制了两面锦旗，于7月17日送到司令部长官官邸，由王礼锡亲自献给他们。献给卫立煌的锦旗上面绣有"民族干城"四个大字，献给孙连仲的锦旗上绣的是"中原屏障"，使抗日将士们得到了极大的鼓舞。

7月25日，访问团按照战区司令部的安排离开洛阳，北上进入中条山中，访问坚持在这一带艰苦作战的各路驻军和民运人员。中条山，横从风陵渡绵延到阳城，纵自黄河边直连太岳山脉，山高路险，易守难攻，自古为兵家必争之地。这支不带枪的"笔游击队"，骑着马匹或毛驴，不顾自己的安危，在日军阵地的前沿活动。在五天时间里，敌人对中条山地区进攻11次，敌机时常在上空盘旋、狂轰滥炸，他们随时都有牺牲的危险。在绛县一个叫"好汉冢"的地方，敌人发现了访问团的行踪，进行追击，全团人冒着枪林弹雨勇敢地冲出了封锁线。在访问过程中，王礼锡和团员们向广大军民宣讲国内外的政治形势及"抗战必胜"的道理，为驻军和民众写文章、出小报，鼓舞军民斗志，其所到之处，备受欢迎。王礼锡是全团年龄最大的一位，他每天和年轻人一样奔波，从不要任何额外照顾。访问团中他最忙，要应酬，要演讲，要采访，还要处理全团很多的事情。他不管白天怎样的劳累，每天晚上仍要挤出时间坚持写他的《笔征日记》。

时值夏末，天气酷热难忍。经过两个月的奔波，团员们一个个疲惫不堪。8月18日，他们刚来到一个不知名的山村里，王礼锡便病倒了。由于条件的恶劣及庸医的误诊，王礼锡病情日益加重。团员们个个急得手足无措，只好请来一乘滑竿，把他送往洛阳诊治。由于道路崎岖，黄河阻隔，直至8月25日王礼锡才被抬到洛阳。虽经天主教会医院全力抢救，王礼锡的病情仍未能转危为安。26日清晨，这位为了国家、为了民族解放的反法西斯战士，著名的爱国诗人，溘然长逝，时年只有38岁。

王礼锡先生逝世之后，中共中央发唁电高度评价王礼锡的爱国业绩。重庆各界举行了隆重的追悼大会，参加大会的有国民党代表叶楚伧、陈铭枢、黄少谷，中共代表陈绍禹、吴玉章、何凯丰，文化界代表沈钧儒、邹韬奋、许涤新、潘梓年、吴克坚以及国际友人尼赫鲁等300余人。洛阳、延安、桂林等地也举行了追悼大会。重庆《新华日报》从10月8日至14日一周内连续发专刊纪念王礼锡，文化名人郭沫若和老舍等也在报刊上发表了挽诗，赞颂王礼锡的业绩和道德。

郭沫若的挽诗写道：

> 海外归来一放翁，欣然执笔事从戎。
> 平生肝胆留天地，旷代文章振聩聋。

志在求仁仁自得，才堪率众众佥同。

湘江此日传新捷，誓扫倭奴以报功。

老舍先生挽诗云：

洛阳风雨夕，把酒论新诗。

笔动群魔寂，情来万马驰。

斯人竟可死，天道有谁知。

月落终南晦，长风飘泪丝。

欲哭难为泪，伤心到尽头。

孤坟当此渡，热血已东流。

顽懦凭兹起，死生无自由。

文波滞死海，烽火尚中州。

风雨八十年　艰辛文学路

———————
端木蕻良

1912 年中秋那天，我出生在今辽宁省昌图县鹭树村，当时属于科尔沁旗，蒙古一片辽阔的土地。

我们曹家曾是草原上的一个大族，我父亲的家业并不大，因为祖父不喜欢他以致他承受很少。曾祖父一死，他就被赶出来，自立门户。曾祖父打过"黄带子"（清皇室宗族），祖父踢过县太爷的供桌，这些都是他引以为荣的家族历史。他喜欢出远门，尤其是南方，这有利于接受维新思想。他同情太平天国，后来接受孙中山的思想。父亲常从商务印书馆邮汇买书，还看上海的《申报》《泰晤士报》，这在当时的关外是很少见的。我小时常常溜进他的藏书室，翻看五花八门的书报，还见到太平天国的布告和他们编的《千字文》《三字经》，也有孙中山同盟会的彩色石印宣传画等。父亲喜欢讲徐文长、纪晓岚、蒲松龄、王尔烈等人的故事。他教我们打谜语、对对子，引起我对文字形式运用的兴趣。

我母亲家姓黄，满族，是曹家的佃农，母亲是被父亲抢亲成婚的。父亲的元配是大地主王家的姑娘，母亲初进曹家并没有地位，直到生了我们四个儿子，处境才好些，但从未被允许回娘家看望一次。母亲常将她的身世和在曹家的不幸讲给我这个最小的儿子听，嘱咐我长大了把它们写出来。

我的家乡在 19 世纪中叶有过一段繁荣时期。太平天国以前的昌图县城就修建了三层楼的聚兴昌茶庄，还有芝兰斋糕点铺、天宝楼首饰店、天一堂药铺，都借用了北京的招牌。百货店则写着"自运两广杂货，宁杭绸缎"等。可惜这种繁荣并未维持多久。太平天国失败后，外洋货物打进来，民族商业资本多半转为买办资本，刚刚兴起的手工作坊纷纷垮台。这种历史变化后来对我认识社会是极有帮助的。

1923 年，11 岁的我随着几个哥哥到了天津，并考入了天津汇文中学，这是一所美国人办的教会学校，校长名叫伊文思。学校专门请一位老先生讲《孟子》，而我在故乡上学时读的是"共和国教科书"，所以对此很反感。勉强读了一年，因直奉战争，家境愈加困难，便只好和三哥返回昌图。

在天津这一年，我接触了五四时代新文学。当时我大哥、二哥都在南开中学读书，我们在校外附近租房住下，这样除了上课，我的大部分时间都在南开中学活动。南开的校风是比较开放的，经常请些名人来演讲，我记得听过梁启超先生演说。中学里还有学生剧团，演出过《一元钱》《新村正》等话剧（当时叫文明戏）。学校也常放映中外电影。南开学生还有一个好风气，就是爱买书。我那时常读鲁迅的作品，喜欢他那种对人生的态度和对封建社会的抨击。对"文学研究会"的茅盾、叶绍钧、郑振铎等人的书，也很爱读，服膺"为人生而艺术"的口号。对诗，则读郭沫若的作品，当时能把《女神》全部背下来。

当时天津报刊也很多，我常读的有《晨报》副刊，《语丝》《创造》《奔流》《小说月报》也经常阅读。从书报上又接触到欧洲"文艺复兴"

时期的绘画、雕塑艺术等，很有触动。总之，在天津这一年使我眼界大开，对我一生的影响都是很大的。我的眼界看到了天津以外。

自天津回到昌图后，我不再想读当地的学校，在家里今天写写这个，明天写写那个，用笔打发日子。

我开始对家乡的经济、政治、文化及各阶层人的心态等作些了解。那时我才十几岁，正是求知欲和感受力最强的时候，这些社会调查和生活体验，都为我后来的创作提供了好处。我最早写的小说取名《真龙外传》，是写一个耳朵不灵的长工的遭遇。从题目上可以看出是受了《阿Q正传》的影响。二哥曹汉奇经常把天津、上海出的新书寄来，使我能读到鲁迅的《呐喊》和其他作家的作品。

1927年，县中学来了一位教务长叫张东川，他思想进步，在教室里挂出了他画的马克思、恩格斯像和写的小传。我因和他很谈得来，便在县立中学念了一年书。父亲病逝后，二哥又要我回天津，复习了一段时间功课，便考上了南开中学初三三班，这是1928年的事。

经过1927年的大革命和北伐战争，天津变化很大。当时天津自己的报刊已在国内占有很重要的地位，有《大公报》《益世报》《庸报》等。上海的书报也大量涌入，用现在的话说，是充满了信息量。而我们语文教师的思想都很开放和进步，还在报刊发表作品，这对推动我们学生进行创作是很有利的。张伯苓校长在校内实行普选制，我被师生推选为南开校刊的主编。校刊原来只刊登学校的布告、行政条文。我接手后，在编委会支持下，把它改为师生的创作园地，更名《南开双周》（半月刊），封面由原来的蓝白二色（代表南开校色）变成每期更换的彩色封面。在校刊上我发表过《人生的探索》《生命解放与青年联艺会》《立体的人生》《法国达达主义文学》等文章。

《南开双周》虽然为同学们开辟了一个自己的园地，但它毕竟是校刊，我们还是不满足。1930 年冬，我和胡适的侄子胡思猷及刘克夷、冯厚生等同学成立了"新人社"，创办《人间》小型文学刊物（后改名《新人》）。我发表了小说《水生》和《力的文学宣言》等文章。南开的学风是很活泼的，课外组织和活动很多，我还当过学校美术学会会长、学术观摩会会长、合作社理事、"南开义塾"校长等职。

"九一八"事变期间，南开中学开展了抗日运动。针对汉奸石友三的便衣队常来学校捣乱，我们原来组织了"刻苦团"，这时改名"抗日救国团"，并组织了"护校团"。我和唐风都、张敬载等筹备新的学生会，举行罢课，赶走训育长，轰跑国民党派来威胁我们复课的人。不久，校方迫于当局的压力，将我秘密除名。我只得离开天津到北平。

在北平，由于受高尔基《我的大学》和陈贤祥《新教育大纲》的影响，我一心要走向社会，在"社会大学"里完成"学业"。我和陶行知先生的长子陶宏同住，他无师自通地埋头翻译文稿，我则跑图书馆写诗和小说。

1932 年初，我冒险回到日伪统治下的东北老家，把重病的母亲接出来。在家乡听到不少义勇军抗日的事迹，回来后写了一篇报道登在报上。已在中国大学读书的三哥，曾和几位同学去山东找冯玉祥将军，要求参军抗日。冯玉祥要他们就地投入西北军。正好在绥远抗日的孙殿英部队招纳学生军，我便与他们一起去了。我随部队在伊克昭盟和卓索图盟巡行了很久，从东栅子跑到西窑子，从独石口跑到龙关，终日生活在马背上。参加热河抗日的士兵很英勇，生活也异常艰苦，送到手里的饭冻成冰，只能用刺刀劈着吃。后来，孙殿英要率部西行，去参与军阀混战，我便乘孙要我写他的部队史（实际是为他立传）的机会，以回北平收集资料为由，于 1932 年夏回到北平。

我当时就不想上大学。我先后受到马克·吐温和杰克·伦敦的吸引和高尔基《我的大学》的影响。所以，当反动统治者把我打入地下，使我成了一个"流亡者"时，倒使我如愿以偿了。那本题名《新教育大纲》的书，更为我反对学院派教育提供了理论根据。那时，我和一批青年朋友一样充满许多乐观的想法。我想当水手，想当记者，想当工人……总之，只求生活经历广阔就行，目的是想使自己将来创作的视野更加宽泛、更加深远。

从热河回到北平，我住在当时北京大学红楼对面的公寓。在那里我结识了北平左联（正式名称是"左翼作家联盟北平分部"）的陆万美、臧运远等，经他们介绍，我于1932年5月加入了北平左联。

我的几个哥哥一直希望我能完成学业，受到系统的知识教育。二哥曹汉奇在南开中学和大学期间都是品学兼优的高才生，是老校长张伯苓的得意门生，曾任大学学生会主席，毕业后留校任教。二哥特别关心我的学业，为使我考学，他激我说："你不想考大学是怕考不取！"这话确实伤了我的自尊心。1932年暑假，我赌气用功考学，结果，燕京大学生物系和清华大学历史系都有意录取我。为了有个"合法"的身份，便于开展左联的工作，我进了清华园。这期间我写了《乡愁》《母亲》等小说，并成为清华校刊的一名编委。

1933年，蒋孝先率宪兵第二团进驻北平，城里的白色恐怖顿时严重起来。北平左联和其他进步团体的活动却愈加活跃，上半年就有《冰流》《文学杂志》等十几家进步刊物相继问世。我和臧运远、方殷、江篱、韩宝善、俞竹舟等人编辑的《科学新闻》也于6月24日正式出版。我在清华大学设了一个"辛人"通讯处（信箱）收集国内外的信息，并以"辛人"名义向上海的鲁迅先生邮寄北方的左翼刊物。

北平左联常委有过多次改组，1933年上半年又组成新的常委会，徐突微负责组织部，陆万美负责研究部，我负责出版部。8月4日，北平文总和左联、社联等团体派代表在艺术学院秘密开会，研究筹备欢迎反战大会国际代表来北平视察事宜，徐突微及与会代表却遭当局逮捕。我获知情况后于次日避居天津，由于左联组织遭到严重破坏，活动中断，我便留在天津，并住在南开昆裕里的二哥家中。由于我认识不少南开学生，不便出门，思想上很苦闷。我想起离开清华时，遇到同学陈松冷，他告诉我看到"辛人"信箱旁边（因为信箱已被装满）有一封鲁迅先生给我的信，当时因情况紧急不能去取，便用"叶之琳"的化名给鲁迅先生写信，询问他给《科学新闻》来信的内容。先生很快回了信，他说《科学新闻》第三号上登出茅盾被捕一事是误传，是上海《微言》这个专门造谣的刊物放出的消息，希望在北方更正一下，以正视听。我便引用鲁迅原话写了篇短文，用"隼"的化名投给《益世报》马彦祥编的副刊《语林》。

当时我正陷入无望的状态，及至收到鲁迅先生的信，我突然像看见多少年失去了音信的亲人一样，涌出一股激情。那一天，我找出纸笔，开始写下《科尔沁旗草原》的第一页。

我生长在科尔沁旗草原上，草原的血液总在我血管里流动着。正是由于曾经离开过家乡，又重新回到家乡，对家乡才看得更真切。我试着从生产关系，以及物质的占有与分配方面，来看待在这片大草原上所反映出的许多人和事。

《科尔沁旗草原》写的是我父亲那一族的家事，人物和故事都有真人真事做底子，所以写来如在眼前。这并不是我的初衷，而是为了把小说赶快完成的缘故。有了真人真事做底子，容易计划，容易统一，不致张冠李戴，行文方便。但有时也会将真事和故事纠缠在一起。

《科尔沁旗草原》共30余万字，用了四个月时间写完。那时我不能控制自己地写着，我对二哥说："我自己都听见了我自己脑子的鳞屑一片一片下落的声音。"

这部长篇本是想一口气写出来寄给鲁迅先生的。写作中，我的同学刘克夷从燕京大学来看我。他告诉我，鲁迅先生已被通缉，稿件邮去可能收不到，反而会落到检查者手中。正好郑振铎（西谛）先生已来燕京教书，不如先寄给他。这样我抄写几章便邮几章，当时虽与西谛先生素昧平生不曾见过面，他却是第一个通览《科尔沁旗草原》全篇的人，而我直到出版才读到书的全文。

12 月中旬，西谛先生收齐全部稿件，给我写来一封信。他说："你的原稿已经全部收到了！当你的最后一大卷稿件送到时，我是如何的高兴啊！这将是中国十几年来最长的一部小说，且在质上也极好。我必尽力设法，使之出版！""这样的大著作，实在是使我喜而不寐的！对话方面，尤为自然而漂亮，人物的描述也极深刻。近来提倡大众语，这部小说里的人物所说的话，才是真正的大众语呢！"他要我立刻动手写第二部，可是写完第一部，我身体累垮了。放松了一个冬天，1934 年夏天我到北平与母亲同住、养病。1935 年中，我又以自身经历，写了反映天津学生运动的 25 万字长篇《集体的咆哮》。当时因遗失一部分章节，未能及时出版，后来也全部丢失了。"一二·九"运动中，我于 15 日住在燕京大学，第二天加入燕京大学队伍，参加了"一二·一六"北平学生抗日爱国大游行。事后，为免遭当局搜捕，我来到上海。

1936 年初，便给鲁迅先生写信请求与病中的他见面。我虽然仍用"叶之琳"这个化名，但未提及 30 年代在北平左联与他联系的事，只说了些仰慕之情，结果失去了见面机会。这样，我又潜心赶写第三部长篇《大地的海》。又用了四个月，到 6 月 18 日高尔基逝世这天完成。《大地的海》一写完，我真想立即抱着它去见鲁迅先生，但先生日益沉重的疾病又使我犹豫不决。

我猜想《作家》杂志和鲁迅关系较深，便把书稿寄给了《作家》，心想他们会把稿件转给鲁迅的。谁知很快就收到退稿，而我在其中故意倒置的一页仍然倒置着，说明他们连翻也没翻过，更不用说请鲁迅先生过一下目了。我便以"曹坪"的名字给鲁迅写信，并附寄了两章《大地的海》的原稿。万没料到，鲁迅先生在收到信和稿的第二天即回信要我把书稿尽快寄给他。很快又来信肯定了《大地的海》，并说长篇出版周期长，可先写些短篇给他，好改变我的处境。我把刚写完的《爷爷为什么不吃高粱米粥》寄给了他。10月18日我看到这个短篇发表在《作家》上，可是19日鲁迅先生竟与世长辞了⋯⋯

10月22日，我参加了鲁迅先生追悼大会。可以想象我当时内心的痛苦和懊悔。如果我真的"狂妄"些，原本是可以和先生见面的。在刚刚可以直接向先生聆取教益的时候，一颗伟大的心脏却停止了跳动。这个打击，对我是无法形容的。我曾五次默立在鲁迅先生遗体前，注视他慈祥的面容，觉得他还活着，只是眼睛闭着，像是谈话多了，要休息一下。我总觉得不妨再等一下，先生会开口的，我有许多话要和他说呢，先生是活着的⋯⋯

当时，我对上海文艺界还是陌生的。西谛先生回上海，我便常去看他。他也劝我先发些短篇。我到上海的第一个短篇《鹭湖的忧郁》就是他转交《文学》月刊的王统照先生发表的。王统照在刊物后记中介绍说："就描写的特别手法，与新鲜风格上论，《鹭湖的忧郁》一篇很值得我们多看几遍。"有人问，为什么我在上海写的第一篇小说是《鹭湖的忧郁》？原因很简单，鹭湖是我出生的地方，我的文学之路自然应当从这片土地开始。《文学》又陆续发表了我的《遥远的风沙》《浑河的激流》。同时《中流》《文丛》《大众生活》《作家》等刊物也纷纷向我约稿。

　　鲁迅先生逝世后，胡风阅读了保存在鲁迅那里的《大地的海》，积极向出版社推荐。同时王统照在《文学》9 卷 1 期开始连载。《大地的海》是记叙我母亲那一族的故事，是我对土地的爱情自白。写《大地的海》的时候，我的东北故乡的人民已陷入双重的奴隶境地。我愿用文字写出他们的呼声，行进的脚步。当我写出那些大地之子真实的身影时，我的心伏着悸痛和期待，期待故乡重现蔚蓝可爱的天空。

　　鲁迅先生逝世后，茅盾先生肩负起鲁迅未竟的事业，他以"日曜会"的形式，聚集了一批青年作家。那时每逢星期一，我们便在"新雅"酒店聚餐，互相交换所见所闻，受到茅盾先生的指导和教益。当时经常参加的有我、王统照、张天翼、沙汀、艾芜、蒋牧良、舒群、罗烽等。

　　巴金先生主持的"文化生活"出版社写信约我出短篇小说集，我的第一个短篇小说集《憎恨》由此应运而生。王统照几次说及小说集应用《鹭湖的忧郁》来命名，但我坚持用《憎恨》，因为它们和《科尔沁旗草原》一样表现出对"恶"的憎恨和对"善"的期待。

　　《大地的海》写完后，我着手写第四部长篇《在瑰春》。1936 年 6 月，我给鲁迅先生写信，曾提到要写东北义勇军的长篇《牧笛之歌》。但随着形势变化，东北抗日已由自发的义勇军发展到共产党组织的东北抗日联军，这样我就写抗联的故事《在瑰春》。胡风知道后，要求在他的《工作与学习》创刊号上先发表一些章节，于是我把自成段落的部分算作中篇，取名《突击》拿去发表了。

　　淞沪抗战爆发，上海陷入战火，杂志报纸纷纷停刊。茅盾先生为有一个为抗战呐喊的舆论阵地，约巴金、王统照、黎烈文、黄源、胡风等人，将《文学》《中流》《文丛》《译文》四家杂志合组，由他主编，出版《呐喊》周刊（后改名《烽火》）。我发表了《青岛之夜》和《中国的命运——兼答日本室伏高信》。

"八一三"期间，由于日机轰炸，引起闸北大火，商务印书馆和华美印刷所等出版企业烧得极惨。这时我并不知道，我的第一部长篇《科尔沁旗草原》，经茅盾先生介绍给开明书店，正在华美印刷所排版，是徐调孚先生跑进火场抢出了它。当我在茅盾家里看到它时，心情真是难以诉说。我把书稿留在了茅盾先生家里。而夏丏尊、叶圣陶先生答应一有机会就重新安排出版。那时我不过是个 25 岁的青年，正是这些前辈们，以他们的光和热，细心维护了我的作品。

"八一三"上海抗战后，胡风约我和萧红、萧军、曹白等人创办了《七月》杂志。不久，文艺工作者纷纷离沪，分赴武汉、长沙、广州等地开辟新的阵地。胡风他们把《七月》迁到武汉准备重新创刊，写信催我前去。我在浙江新昌蒿坝小镇短期逗留养病后，于 10 月中去了武汉。

在武汉，我应萧军、萧红之邀，与他们同住在诗人蒋锡金的武昌水陆前街小金龙巷 21 号。通过办刊，又结识了彭柏山、艾青、田间、聂绀弩等人，大家写抗敌文章，相处很好。从 1937 年 10 月到年底，我在《七月》发表了《哀鲁迅先生一年》《记孙殿英》《记一二·九》《寄战争中成长的文艺火枪手们》《八一三抗战的特质》《文学的宽度、深度与强度》等文章。

抗战初期，东北、平津、上海、南京等地相继沦陷，这些地区的作家、文艺工作者大批聚集武汉三镇。山东、陕西、河南等地的作家文人也纷纷投身到武汉这个抗战中心，加上当地作家，武汉一时成了作家、艺术家集中地。如何把文艺界各方面的力量组织成抗日文艺大军就提到了日程上来。1938 年 1 月 1 日，"中华全国戏剧界抗敌协会"在汉口成立。不久，阳翰笙召集我和穆木天、冯乃超、马彦祥、聂绀弩、王平陵等人商议"全国文艺界抗敌协会"筹建工作。会上有人主张由武汉三个文艺团体作为发起单位，聂绀弩和我认为三个地区性团体缺乏代表性，主张由作家共同发起。后来几经开会，最终决定由 97 位作家个人签名作为共同发起人，增加了号召力。

协会筹组期间，原来北平左联的好友臧运远受李公朴之托，前来武汉召集作家去临汾民族革命大学任教。我便替他约了艾青、田间、萧红、萧军、聂绀弩等一起去了临汾。我们 1 月 27 日离开武汉，2 月 6 日到达临汾。在这里我们与丁玲的西北战地服务团会合，这样又结识了塞克、戈茅、陈明等服务团成员。大家见面都很兴奋，每天谈得很晚。2 月 25 日，面对日军进攻临汾的险恶局面，民族革命大学师生往晋西南撤退，我和萧红、塞克、田间等人则随丁玲的西北战地服务团南下运城。在火车上，丁玲提议编一个抗战剧，由她的服务团到西安演出，于是塞克执笔，大家补充，话剧《突击》便这么诞生了。从运城到西安后，我们住在八路军办事处七贤庄，与战士们一起吃住。《突击》的公演在西安引起轰动，周恩来副主席接见了我们。

4 月中，我和萧红、艾青等回到武汉。5 月初，我和萧红在汉口大同酒家结婚。进入 6 月，文艺界为"保卫大武汉"而行动起来。不久战局变化，中国军队退守武汉，文化界人士又向四方疏散，我和萧红先后来到重庆。

重庆人口原本密度就很大，下江人一来，住房紧张超出人的想象。我虽然先走一步，仍找不到住房，只好暂住在复旦大学文摘社苍坪街的门市部。当时正值"九一八"七周年的日子，来回奔波于歌乐山和北碚，望着嘉陵江低落的江水，听着《流亡三部曲》，不可抑止的思乡情绪搅痛着我的心，我写下了《嘉陵江上》，中学同学方殷拿给贺绿汀谱曲，这歌由此传唱开来。

当时，我在复旦大学新闻系开课，并为《文摘》社创编了《文摘副刊》。我和萧红都积累了很多素材，时间很是紧迫，无法预料战火什么时候就会烧到重庆。1939 年 2 月，我开始写抗日战争长篇《大江》，并在戴望舒主持的香港《星岛日报》副刊《星座》上连载。《大江》二字是萧红所题。萧红在家养病写作。歌乐山上有座保育院，院长是王昆仑的夫人曹孟君，所收孩子多是武汉一带过来的儿童。萧红在写作之余常去看望孩子，围绕保育院的题材，萧红写了《林小二》等短篇，我则写了长篇《新都花絮》。5 月间，萧红的《旷野的呼喊》也发表在《星岛日报》上。

6 月，我们下山，住到复旦大学北碚黄桷树苗圃。在这里，萧红应南洋洪丝丝函约，写了回忆鲁迅先生的系列文章，后来结集取名《回忆鲁迅先生》，交生活书店出版。

9 月 10 日，由胡风、陈子展发起，魏猛克、王洁之筹备的"中华全国文艺界抗敌协会北碚联谊会"在黄桷树王家花园成立。我和萧红、胡风、胡绍轩、靳以等 17 人参加成立会。11 月我写完了《大江》。12 月，上海杂志公司出版了我另一部短篇小说集《风陵渡》。

自 1939 年 5 月以来，日军飞机对重庆实施连续性大轰炸。萧红的《放火者》记下了日机轰炸的暴行和造成的惨状。几个月日机日夜不停地空袭，使萧红得不到休息，精神整天处于紧张状态，体力日渐不支。当时巴金、夏衍、艾青、陶行知、胡愈之等很多人已去了桂林，我也主张去桂林，但萧红认为战局的发展，桂林也将在空袭之中，主张去香港。正好孙寒冰曾约我为香港大时代书局编《大时代文艺》丛书，事前与华岗等商量，他们也赞成去香港。1940 年 1 月，我和萧红飞到了香港。

在香港的两年里，我们基本都住在大时代书局的乐道 8 号。大时代书店是复旦《文摘》社在香港的代理机构。《大时代文艺》丛书先后出了楼适夷、戴望舒、冯亦代、叶灵凤的译著集，并出了《萧红散文》和我的《江南风景》。5 月，《新都花絮》由重庆知识出版社出版，不久即遭当局查禁（后在香港《大公报》上连载）。

我们到香港后，和叶君健、林焕平等人被选为抗战文协香港分会第二届候补理事。1941 年，我和茅盾、胡风、杨刚等人当选为第三届理事，与杨刚、茅盾等人负责研究部。萧红因肺病在家致力创作，先后写出了《马伯乐》和《呼兰河传》。

1941 年初，美国进步女作家史沫特莱由内地新四军中辗转来到香港准备回美。20 世纪 30 年代经鲁迅介绍，萧红与史氏相识。史氏到港后即来家探望，她把萧红接去两人同住，萧红正在续写《马伯乐》。与史氏交谈中，她分析抗战与第二次世界大战的局势，预见太平洋战争爆发的可能性，考虑萧红身体状况，力主我们迁往新加坡，并约了在新加坡的接头人在港与我们商议赴新事宜。

1941 年初前后，应周鲸文之约我写了《科尔沁前史》，同时开始写长篇《大时代》。这时，经胡愈之介绍，由《时代批评》社的周鲸文出资，我们筹办了《时代文学》。

6 月 1 日，我主编的《时代文学》创刊，这是个标明以"荟萃全国作家心血，反映大时代的全貌，并介绍欧美文学的动向"为宗旨的刊物，先后发表过茅盾、柳亚子、巴人、许广平、曹靖华、夏衍、胡绳、华岗、刘白羽、臧克家、戈宝权、史沫特莱、萧红、孙瑜等人的稿件。当时编稿由我一人负责，仅有袁大顿做我的助理，工作是繁重而又紧张的。

12 月 7 日，袁大顿回东莞结婚，谁知第二天突然爆发了太平洋战争。我和萧红原想去东莞袁大顿家中，但日军很快从东莞方向进逼九龙。萧红在日夜的轰炸声中完全躺倒了。我在于毅夫、周鲸文等友人帮助下，几经周折，把萧红抬进思豪酒店，住进了张学良弟弟张学铭长期包租的房间。25 日香港失陷，日军施行极其野蛮的法西斯占领。社会生活秩序全部打乱，港币、美元停止使用，医院被封，店铺纷纷关门。在这兵荒马乱中，萧红躺在床上离不开人，原来请的女佣早已离去了，而我又要外出联系，找医跑药。因此在骆宾基打电话来与我话别时，我请他留下帮忙。骆来港时，是我安排他在《时代批评》社住下，并在《时代文学》上停发了我的《大时代》以转发他的《人与土地》，以便他有稿费维持生活，因此我请他留下，他就答应了。萧红先后被转送了几家医院，由于日军的军管和缺医少药，最后病逝在圣士提友女校的临时救护站里。当时环境恶劣到连哭的时间都没有，日军要求港人尸首必须集体火化或裸尸葬埋到某一规定地点。为了让萧红的遗体得以单独火化以保住骨灰，我冒险争取到负责处理港岛地区殡葬事务的马超栋先生的帮助。1 月 25 日和 26 日，我把萧红的骨灰分葬在浅水湾和圣士提友女校后土坡上。不久，在于毅夫事先的安排下，由王福时陪同离港返回内地。回程中，我将萧红的死讯致函许广平先生，托她代请内山完造设法保护萧红在港的墓地。

1942 年 3 月，我到达桂林。在那里居住的两年多时间里，发表了《早春》《雕鄂堡》《初吻》《红灯》等短篇和《红楼梦》《红拂传》《龙女传》等剧本。两部长篇《科尔沁旗草原》第二部和《几号门牌》都因时局变化没有完成。

抗战胜利后，我由重庆回武汉。10 月初，受邵荃麟委托，接任葛琴主持的《大刚报》副刊《大江》。1947 年 4 月发表以闻一多为原型的电影剧本《紫荆花开的时候》。秋天应胡然之约去长沙水陆洲音专任学科系主任兼教授。1948 年春到上海。在著名学者杜国庠支持下，与石啸冲、曹汉奇、张慕辛创办了《求是》月刊，5 月 16 日出创刊号。10 月，因局势恶化，转道广州赴香港。1949 年 8 月，与方成、单复等人乘船到天津，10 月 1 日参加了新中国诞生的天安门庆典。

1950 年以来，参加北京郊区土改。在北京市文联担任创作部副部长、出版部副部长、副秘书长等职，编辑《北京文学》，作品有短篇、散文、评论等。1954 年从批判《武训传》起，即被打入另册。1957 年因胡风问题受审未能参加萧红墓迁移广州活动。1958 年我编辑的石钢厂史《钢铁的凯歌》出版。

1960 年与昆明军区国防文工团的编导钟耀群结婚，但一直两地生活。1963 年初去云南边疆采风突患脑血栓，以后休病多年。"文革"中与老舍等人一起挨斗，又被送到南苑劳动。在我几次报病危后，钟耀群才被同意调回北京。

1977 年 1 月，我的散文《迎春曲》登在《北京文艺》一月号上，这是 1966 年以来我的第一篇作品发表。从此在耀群护理下，不断有散文、回忆、诗歌、文论发表，有几年都在七八十篇，真是又恢复了青春！1982 年以来，又发表了《曹雪芹》上、中两卷。由于脑心病不断发作，三卷的进度明显放慢了。作为一个作家，他只有权利向社会、向人民提供高尚的精神食粮，可惜我做得太少太少，质，也远远不够……

我所认识和理解的孙犁

———

解力夫

从慕名到相识

我和孙犁相识较晚，那是日本宣布投降不久，他由延安重返冀中之后。当时《冀中导报》在河间，孙犁奉冀中区党委之命与报社住在一起，负责编辑《平原杂志》和《冀中导报》的文艺副刊。那时他可以说是"十分繁忙"。上半月，孙犁经常到各地体验生活，搞创作；下半月回报社编排稿件，发稿以后就又走了。《平原杂志》先后出了六期，他仿照鲁迅编杂志的方法，每期都要写较长的编后记。除了编刊物外，他还在河间第八中学教一个班的国文。他这样做，除了有意模仿"五四"以来某些城市作家的职业习惯外，"还有调剂生活的意味，跑跑路，接近接近冀中的新一代男女青年，比只是坐编辑室好"。

抗日战争的硝烟刚刚散去，解放战争的炮火就打响了。随着革命形势的发展，继孙犁以后，又有一批作家从延安和其他地区先后来到冀中。当时冀中还没有作协和文联之类的组织，冀中的和从延安等地来的作家只得住在报社，报社成了作家之家。他们中有长篇小说《腹地》的作者王林，有长篇小说《红旗谱》的作者梁斌，有长篇小说《大地》的作者秦兆阳，有长篇小说《三千里江山》的作者杨朔，有《挥手之间》的作者方纪，有长篇小说《新儿女英雄传》的作者孔厥、袁静，有长篇小说《功与罪》的女作家柳溪，还有著名文艺评论家萧殷、李湘洲和木刻家古元、李黑等。当时在《冀中导报》上先后发表了这些作家的不少作品，为报纸增色不少，成为《冀中导报》人才济济的黄金时代。

所有住在《冀中导报》的作家们，都给我留下了良好的印象，其中印象最深的要算孙犁了。在我认识他之前，就早已拜读过他的名篇《荷花淀》和《芦花荡》。这两篇小说最早发表在1945年5月的延安《解放日报》上，并在革命圣地引起轰动，并为全国各个革命根据地报刊所转载。我是在晋察冀和冀中的报刊上读到它们的，其文字之美、艺术之高、寓意之深，给我这个爱好文学的青年留下了深刻的印象。

在解放战争年代，我曾多次随军穿越白洋淀。号称华北明珠的白洋淀，共由140余个淀组成，占地40多万亩，水道纵横交错，足有三四千条，是游击队理想的水上抗日根据地。古语说，燕赵多慷慨悲歌之士。在那炮火连天的抗日年代，白洋淀更具一种悲壮的英雄色彩：这里地势低下，云雾很低，风声很急，淀水清澈。夜晚，日本兵从炮楼的小窗子里，呆望着这阴森黑暗的大苇塘，天空的星星也像浸在水里，而且像要滴落下来的样子。而这样的深夜，正是抗日健儿们打击敌人的最好时机。孙犁在《荷花淀》和《芦花荡》中所描写的英雄儿女，几乎都是真人真事，只是在作家笔下更典型化了。书中的人物个个栩栩如生，有血有肉，活灵活现，作为一个年轻记者，我是多么想拜孙犁为师，好好向他学习呀！

然而，在那紧张的战争年代，作为《冀中导报》和新华社冀中分社的记者，我也与作家们一样，多在外少在家，不是到农村深入生活，就是随军打仗采访，因此平时相互见面的机会很少。直到 1947 年春天，我才找到了一个和孙犁"深入交谈"的机会。那时我正在安国县采访，恰好孙犁路过这里，要到安新——白洋淀去。晚上，我和他同住在安国县委招待所；第二天我陪他参观了安国南关的药王庙，和他童年在安国城里就读的学校。

战火中成名的作家

安国旧称祁州，是有名的药材集散地，被人们称为"药都"。据传说，各路药材不到祁州就不灵，必须在祁州转手，再运往全国各地。因此，每年春冬庙会（药王庙），商贾云集，有川、广、云、贵和关外各帮。新中国成立两年来，在人民政府"发展生产，繁荣经济"的号召和鼓励下，安国的药业得以恢复和发展，如今大街两旁都是店铺，熙熙攘攘，往来商旅络绎不绝。孙犁看到此情此景十分高兴，晚上和我谈了很久，谈到他参加革命前后的经历和从事文学事业的经过。

据孙犁说，1913 年他生于河北省安平县东辽城村，那是一个很偏僻的小村庄，滹沱河挟带着黄土高原的泥沙在这里顺流而过。孙犁 12 岁跟随父亲在安国县城内读高小，住在一个亲戚家里。安国县离他的家乡有 60 华里，在这里他开始接触一批进步的文学作品，其中有鲁迅、叶圣陶、许地山的小说，并开始阅读当时商务印书馆出版的各种杂志。

14 岁，孙犁考入保定育德中学。这是一所在北方相当有名的私立中学，它以办过勤工俭学的留法准备班而出名，培养了不少人才。在初中读书期间，他开始在校刊《育德月刊》上发表作品，其中有短篇小说和独幕剧。在高中时，孙犁阅读了当时正在流行的社会科学著作和苏联十月革命后的文学作品，大多是鲁迅和曹靖华翻译的。这一时期，他对文艺理论发生了兴趣，读了不少这类著作，并开始撰写这方面的文章。

孙犁高中毕业后，无力升学。原来，父亲供他上中学是希望孙犁毕业后考邮政局，结果未能如愿。他在北平流浪，在图书馆读书，或在大学旁听课，余暇虽时常给报刊投稿，但很少被采用。为了生活，他先后在北平的市政机关和小学当过职员。1936 年暑假后，他经朋友介绍到河北省安新县同口镇高级小学教书，当六年级级主任和国文教员。在这所学校时，他从上海邮购革命的文艺书刊，继续进修，自学完了大学文科的全部课程，并初步了解到白洋淀一带人民群众的生活。

1937 年"七七"事变后，日本帝国主义发动了全面侵华战争，孙犁再没有去同口教书。这年秋天，滹沱河发了洪水；9 月下旬保定陷落。在孙犁的家乡东辽城，每天都可以看到从北面涉水过来的逃难人群，他们扶老携幼，和站在堤上的人们匆匆交谈几句，便急忙往南走去。"就要亡国了吗？"堤上的农民望着茫茫的河水，愤然发出悲叹。日本侵略者就这样把战争推进到孙犁的家乡，推进到滹沱河沿岸。

国家兴亡，匹夫有责。就在 1937 年冬天，孙犁毅然决然地参加了中国共产党领导的华北敌后抗战。他首先编写了《民族革命战争与戏剧》一书；接着选编一本题名《海燕之歌》的诗集，收集中外进步诗人的作品，在安平铅印出版；还撰写了《现实主义文学论》，发表在《红星》杂志第 1 期上。冀中的资深作家王林看了非常满意，把孙犁誉为"冀中的吉尔波丁"（吉尔波丁是苏联文学评论家，参加过国内战争，曾任联共（布）中央文学处处长），并一再对人说："我们冀中真有人才呀！"

1938 年秋，孙犁调往冀中抗战学院当教员，专门讲授《抗战文艺》

和《中国近代革命史》。抗战学院设在冀中的腹地深县，是为吸收和培养抗日的知识分子队伍，经中共北方局批准而开办的，由杨秀峰任院长。杨秀峰是北平师范大学教授，教育界的名流，又是有着国民党身份的秘密共产党员，他任院长，有利于开展工作和团结、影响更多的抗日知识青年。

抗战学院是当时冀中规模最大、人数最多的最高革命学府。学校分民运学院和军政学院两部分，前者设在深县第十中学，后者设在深县城里一家地主的宅院里。学院于 7 月招生，8 月初开学，报考者的年龄和文化程度没有严格的限制，有二三十岁的大学生，有十六七岁的中学生，还有少数高小学生和开明士绅。学校过着严格的军事化生活，其任务是在短期内培养出抗日急需的军政干部。我们《冀中导报》的李伯宁，就是抗战学院结业后出任肃宁县县长的。

孙犁在抗战学院教书时，还为冀中火线剧社编写过一个话剧《鹰燕记》，描写了青年知识分子对抗战认识转变的过程，可惜剧本已经流失。但杨秀峰院长委托他写的抗战学院的校歌歌词，却靠人们的回忆保存下来了。这首校歌，像一团火焰燃烧着学生们的热血，像一把火炬照亮了学生们前进的方向。记得歌词是：

同学们，
莫忘记那火热的战场就在前方。
我们的弟兄们，正和敌人拼，奋勇不顾身。
记起那，大好的河山被敌人强占，
烧毁的房屋，荒芜的田园；
记起那，曾被鞭打的双肩，曾被奸污的衣衫。
前方在战斗，家乡在期望，

我们要加紧学习，努力锻炼，

把刀枪擦亮，叫智慧放光。

我们要在烈火里成长，

要掀起复仇的巨浪！

我们要在烈火里成长，

要掀起复仇的巨浪！

1938 年武汉失守以后，日军将进攻的重点转向中国共产党领导的敌后各抗日根据地。这年冬天，敌人从四面八方蚕食冀中，占领了大部分县城，形势日趋严峻。抗战学院第二期学员提前结业，分散活动，孙犁也奉命调往晋察冀和延安，从事报刊编辑和教学工作。在延安鲁艺学院工作期间，孙犁创作并发表了《荷花淀》《芦花荡》和《麦收》等作品，并从此成为"荷花淀派"的代表人物。

重返白洋淀后的文学创作

日本投降后，孙犁重返冀中，除了编辑刊物外，又积极参加了土地改革和生产互助合作运动，先后写出了《钟》《碑》《嘱咐》等短篇小说及一些散文，颇受读者欢迎。他这次重访白洋淀，主要是看望乡亲们和他当年教过的学生们。经过深入采访，当年的《冀中导报》连续发表了他的《渔民生活》《织席记》《一别十年同口镇》等作品。回到报社，孙犁感慨地对我们说："这次到白洋淀，一别十年的旧游之地，给我很多兴奋、很多感触。想到十年战争的时间不算不长，但是这里人民的精神面貌和他们的政治、经济生活发生了翻天覆地的变化。"

孙犁利用过去的关系访问了几个家庭。他在同口教书时，那些穷苦的孩子们，那些衣衫破烂羞于见老师的孩子们，很多还在火线上。他们的父母热情真挚地向孙犁诉说了这十年同口镇的经历，并告以他们的孩子如今都是二十几岁的人了，有的当了营长，有的当了教导员，家长们感激孙犁对孩子们的教育。如今，他们的父兄代替了那些绅士地主，负责村里的工作，虽然工作上有许多难题，可是他们在党的领导下，却具备无限的勇气和信心。

特别是经过土地改革之后，贫苦农民分得了房屋、分得了土地，生产积极性大为提高，不仅逐步弥合了战争创伤，而且较战前还获得了发展，白洋淀到处呈现一片欣欣向荣的繁忙景象。孙犁深有感触地说："真是战争教育了人民，人民赢得了战争，待我们打败蒋介石，推倒三座大山之后，我们的国家会发生更大的变化！"

形势的发展正像孙犁所预计的那样，1948 年国共两党的力量发生了根本的变化，两种命运的大决战开始了。继辽沈和淮海两大战役打响后，平津战役也开始了。作为《冀中导报》和新华社的记者，我星夜赶赴平津前线。正当平津战役紧张进行时，处在后方的《冀中导报》编辑部奉中共中央华北局之命，一分为二，一部留在冀中继续办《河北日报》，另一部由原《冀中导报》社长、时任《晋察冀日报》总编辑的王亢之率领前往天津创办《天津日报》，孙犁也在其中。他到天津后主要负责《天津日报》的《文艺周刊》，在编稿之余还抽暇创作出版了以抗战初期冀中农村为题材的长篇小说《风云初记》。

《风云初记》是孙犁的又一部长篇力作，全书约 30 万字，以冀中平原五龙堂为背景，通过抗日战争第一年发生在这里的故事，集中地反映了抗日战争初期的风云变幻。小说不以情节曲折见长，却以极省俭的笔墨，抒发了浓郁的爱国情怀，引人入胜。冀中的老战友们都为此书的出版而高兴，并称这是孙犁文学创作道路上的又一丰碑。

孙犁在进行文学创作的同时，还通过《文艺周刊》培养了一批年轻的作家，人们经常提到的有刘绍棠、丛维熙、房树民、韩映山等人。他们在给《文艺周刊》投稿的时候，都还是中学生，如刘绍棠，他在该刊发表作品时才只有 15 岁。后来许多人称为"荷花淀派"的那个作家群体，主要就是以这些人为基础的。

正因为《文艺周刊》在扶植文学新苗、培养青年作家方面尽了心力，取得了世人公认的成绩，这些作家在许多年之后，也一直感念着它的主持者的劳绩。作家刘绍棠在《忆旧与远望》一文中写道："对于《天津日报》的远见卓识，扶植文学创作的热情和决心，栽培文学新人的智力投资，我是非常钦佩和感念不忘的。孙犁同志把《文艺周刊》比喻为苗圃，我也是从这片苗圃中成长起来的。饮水思源，我多次写过，我的创作道路是从天津走向全国的。"

"作家永远是现实生活真美善的卫道士"

原在《冀中导报》的一些老朋友们注意到，孙犁在完成长篇小说《风云初记》后很久，由于体弱多病，特别是"文革"对他的严重摧残，再也没有写出有影响的作品。1971 年春天，我随新华社国外记者参观团到天津时，特意到孙犁寓所看望。多年不见，他虽显得苍老多了，但文思敏捷，眼睛仍炯炯有神。在我到他家时，他正在书房整理、修补自己的图书。他说："落实政策了，当年抄走的书又给送回来了，但多已破损，不少好书也遗失了。"许多老朋友都知道孙犁有爱书的嗜好，他不仅是当代读书最多的作家之一，也是一位爱书如命的作家。他曾自作一则"书箴"写道：

"淡泊晚年，无竞无争。抱残守阙，以安以宁。唯对于书，不能忘情。我之于书，爱护备至：污者净之，折者平之，阅前沐手，阅后安置。温公惜书，不过如斯。"

"勿作书蠹，勿作书痴。勿拘泥之，勿尽信之。天道多变，有阴有晴。登山涉水，遇雨遇风。物有聚散，时损时增。不以为累，是高水平。"

至于他为书包上书皮，并在上面作些题识、杂录、随感等，更为远近读者赞为一绝。

谈到作家的职责，孙犁在《文学生涯》一文中强调："作家永远是现实生活真美善的卫道士"，"作家的品质决定作家的风格"，"作家的职责就是向邪恶虚伪的势力进行战斗。既是战斗，就可能遇到各色敌人，也可能遇到各种的牺牲"……这就是作家孙犁的世界观和创作观。

我心中的巴金先生

———

陈思和

乐观对待病痛："苦难的生活中仍然存在着欢乐"

巴金先生平时话不多，随着年岁增高，还有健康的关系，他说话的声音越来越低，有时候听起来有些含混不清。而且我也深深理解，像巴金先生那样的高龄和健康状况，他还肩负着沉重的写作任务，还要应付来自方方面面的压力，实在是不堪负担。所以，虽然我住在上海，但有事情一般是通过小林、小棠转达请示，尽量不去打扰他。1989 年 11 月，巴金先生 85 岁诞辰，复旦大学和上海作家协会在青浦举办第一届巴金学术研讨会，来自各地的代表有五六十人。我参与了会务。巴金先生当时身体已经很差了，心情也不好，他表示，除了个别老朋友外，他就不接待与会代表了，要我尽量阻止代表们上门看望。我把这个意思转达给会议主持者，在会上也不断宣传，果然没有代表在会议期间私自去见巴金先生。可是到了会议的最后一天，有一位代表声泪俱下地站起来呼

20 世纪 80 年代初期，陈思和（左）、李辉（右）与巴金先生（中）

吁："我们既然到了上海，就是到了巴老的家门口了，我们为什么不能去见见巴老？"当时群情激愤，我再也无法阻拦大家去见巴金先生的愿望了，于是就把大家的意愿转告小林。小林征求过巴金先生的同意，请与会代表集体去武康路巴金府上。我感到自己没有完成巴金先生交给我的任务，很惭愧，就没有跟随大家一起去。后来听说，那天巴金先生坐在客厅里，坚持与大家一个一个握手、合影，折腾了整整半天。大家的愿望是满足了，但我想，巴金先生肯定很累很累。

巴金先生的身体越来越差，他每年夏天都到杭州去疗养，冬天则回到上海，直接住进华东医院，基本上就不再回到武康路的家里。我去看望他都是到华东医院，那段时间（大约是 20 世纪 90 年代初期），他的身体比较稳定，亲自校读巴金全集和译文全集的清样，坚持写每卷的跋，还断断续续地写一些怀念老朋友的短文章，其中就有他早年从事无政府主义运动时的好朋友卫惠林和吴克刚。1994 年前后，我正在筹备火凤凰学术著作出版基金，想学习巴金先生为文化生活出版社编辑丛书的经验，通过出版活动来践行知识分子的人文精神。我就此请教过巴金先生，他很支持我的行动，讲了当年他编辑文化生活丛书的经验，还用患了帕金森氏症的手颤抖地写下"火凤凰"三个字，作为火凤凰系列丛书的题词。我策划"火凤凰文库"，第一本就是把巴金先生在《随想录》以后陆续写成的文章编成一本小册子，巴金先生欣然为它取名《再思录》。等编完以后，我又觉得薄薄的一本，印出来有些草率。就与小林商量，能否取其中一篇短文做书的代序。没有想到，第二天小林就打来电话说，爸爸已经写好了《再思录》的序。他是躺在床上口述了一篇短文，很短，就这样几句话：

躺在病床上，无法拿笔，讲话无声，似乎前途渺茫。听着柴可夫斯基的第四交响乐，想起他的话，他说过："假若你在自己身上找不到欢乐，你就到人民中去吧，你会相信在苦难的生活中仍然存在着欢乐。"他讲得多好啊！我想到我的读者。这个时候，我要对他们说的，也就是这几句话。

我再说一次，这并不是最后的话。我相信，我还有机会拿起笔。

1995 年 1 月 12 日

小林在电话里给我念了这篇文字后，还担心里面所引的柴可夫斯基的话是否有误，回家去查了一下柴氏著作，除了原文中的"如果"记为"假若"，其他居然一字不差。当时巴金先生患了压缩性骨折，痛苦万分，曾提出要"安乐死"。可是在这篇出口成章的短文里他竟谈到了柴可夫斯基在民间寻找欢乐的话。可以想象，在病痛折磨下的巴金先生，心的世界仍然是那样宽广。

也就在他患着压缩性骨折，浑身疼痛无法站立起来的时候，中国作家协会要准备开代表大会了。也不知道出于什么样的考虑，90 多岁身患重病的巴金先生依然被安排继续当作协主席，作家协会的主席团会议也被安排到上海来举行。于是，巴金先生不得不穿上了硬塑背心，坐了轮椅，硬撑着出席了会议，又一次满足了大家的要求。会场上少不了一一握手，应答许多问候，据说巴金先生准备了发言稿，只是低声念了一段，就交给身边的王蒙先生继续念下去。但在会议结束后，他就血压升高，昏厥了几次。病，更加重了。

宽容对待晚辈："什么样的事都会发生，不要紧"

巴金先生还没有长期住院的时候，他对外界的信息是非常关注的，甚至也关心到我的写作活动。

记得有一次，为了《围城》汇校本是否侵权的问题引起了争论，《围城》的出版单位认为汇校本侵犯了原著版权，代表作者起诉出版汇校本的出版社，并且请了一些大家写文章帮腔。这事本来与我无关，只是偶尔看到一篇文章说，"汇校本"没有被列入目前的出版权法，这是我国"著作权法"不够完善的地方，但又"决不容许有人趁此机会，钻法律的空子"。于是就有了一点想法，窃以为，既然法律有不完善之处，就应该先修订法律，不能在法律以外另设标准来论罪。这个想法与汇校本争论没有多大关系，只是看多了"文革"前和"文革"中法治观念混乱，制造了许多冤假错案而引起的感想。

谁知文章刚一发表，马上引来了一位前辈的批评，说我怂恿盗版书；我当然回应了。再过不久，巴金先生让小林给我电话约我面谈。他直截了当地对我说，不要写文章了，版权的事，侵权总是不好。我有点疑心是打官司的一方找了巴金先生告状，也可能是老人读到了我的文章而想劝我息事宁人。于是我就把我的意见、包括汇校本引起争论的来龙去脉仔细向老人讲述了一遍，我以为我的文章没有错。

巴金先生听了我说的话以后，犹犹豫豫地告诉我，出版社真有人让他写文章就这个汇校本表态，他说："我写是写了一点，主要是谈保护版权的，不过我对他们说了，不要发表，只是表示我的态度。"接着他又连连说："让他们不要发表，不发表的。"我知道巴金先生在《随想录》里写过保护版权的文章，强调作家对自己作品有权处置发表或者不发表，与眼下的汇校本官司没有什么关系。现在他又写了（应人之邀）关于版权的文章，却不让公开发表，也许是怕伤害了当事的年轻人吧。我不知道这篇文章（可能是通信）今天是否还保存在出版社的某位编辑手里，时过境迁，如果能够找出来收入修订中的《巴金全集》，也是一件功德。

巴金先生很早就关心过我和李辉在大学期间撰写的《巴金论稿》的系列论文，那时候我们莽撞无知，把写了或者发表了的论文托小棠转给巴金先生过目。我手头还保存了巴金先生亲笔改过几个字的油印文稿，是一篇论巴金文艺思想的文章。至于为什么巴金先生会修改这篇文章，现在已经记不清了。我后来写巴金传记《人格的发展》，写到抗战胜利巴金创作《寒夜》为止，不再写下去。书出版后，巴金先生在病床上听人读完了这部书稿，约我去谈了一次。他谈话时拿出一张练习簿的纸，上面记了好几个问题，一一解答我在书里写到过的疑问。第一个问题是关于他翻译蒲鲁东的《何谓财产》的下落。这是一部无政府主义理论经典，巴金在1930年全部译完后交给了商务印书馆，但没有出版，巴金先生也没有再提起这本书。我在传记里说，这部书稿送出版社后就"不知下落了"，巴金先生告诉我，出版社收到书稿后搁着没有安排出版，后来遇到"一·二八"战事，书稿大约就此毁灭了。其他还有一些问题，都是他在听读时陆续发现的，就记下来告诉了我。他还问起为什么不写下卷，我主要是感到资料不足，但还有一个顾虑没有说出来，巴金

20 世纪 90 年代初期，陈思和（右）、李辉（左）一起访问巴金（中）

先生还健在，我觉得就写完他的传记，似乎有点冒昧。就这样把这事拖了下来。有一年我曾经打算把下卷续完，还告诉了巴金先生，他很快就把这件事告诉了他弟弟李济生先生，李济生先生遇到我时还特意夸奖了我，鼓励我赶快写出来。但是，做事拖拉的作风使我迟迟没有提起神来，终于辜负了巴金先生的期望。

要说到辜负巴金先生的期望，我还想说一件难以启齿的事情，这件事我至今想起来还是非常心痛。巴金先生在《全集》第 20 卷的跋里写了这么一段话：

树基：

《炸不断的桥》的目录已在六六年日记中查出，抄给你看看。

目次

并肩前进（代序）

美国飞贼们的下场

越南青年女民兵

炸不断的桥

重访十七度线

一块头巾

○明亮的星星

○向胜利的旅行

○红缎盒

○见闻·感想·印象

附录：春天的来信

○后记

《明亮的星星》等五篇给丢失了。《春天的来信》的改定稿也丢失了，不过江南的原信还登在《人民文学》三月号上。这个集子的《后记》是六六年四月二十六日写成的，第二天我就把集子编好托济生转给上海文艺出版社。

没有想到不久我就进了"牛棚"，待到十年梦醒，手稿回到身边，一放就是几年，我连翻看它们的兴趣也没有。后来编印《全集》，找出旧稿拿去复印，终于丢失，仿佛命中注定，我毫不惋惜，倒觉得心上一块石头给搬开了。欠债的感觉少一些，心里也轻松些。……

这里所说的《炸不断的桥》中五篇稿子"拿去复印，终于丢失"，是我造成的严重事故。当时巴金先生在编全集的第十七、十八、十九、二十等几卷，我和李存光分头帮他收集和影印相关文献。一天巴金先生把两部旧稿交给我，一部是中篇小说《三同志》，是以朝鲜战争为题材，另一部就是散文集《炸不断的桥》，以越南战争为题材，都是手稿，交给我去复印，准备编入全集。关于《三同志》，巴金先生还特意写了一个纸条，上面写了：

　　废品，《三同志》，我写了自己不熟习的人和事，所以失败了。这是一个惨痛的教训。

巴　金

九〇年一月八日

　　我拿到稿子，马上去学校复印了。但正是这个时候我在搬家，忙着整理东西，我怕一些珍贵东西丢失，就特意把这两部手稿连同复印件，以及一些其他待印的旧刊物、旧稿，还有我导师贾植芳先生准备整理回忆录的文献资料，这是我所有家当中最最重要的东西，都集中在一个袋子里，专门放开来。结果真"仿佛命中注定"，等搬完家，什么东西都没有丢，偏偏这个最重要的袋子找不到了。当时我的绝望和沮丧是他人难以想象的。记得那天我在荒芜的马路边仓皇奔走，天色一点点暗下来，仿佛要压下来似的，真是欲哭无泪。我无法面对我人生道路上最最重要的两位老人，也无法弥补那些丢失的文献资料和手稿。不幸中的万幸是我影印了《三同志》以后，把复印件放在身边阅读，总算没有丢失。《炸不断的桥》里的散文作品，有六篇曾经发表过，剩下的四篇散文和一篇后记，由于我的失误，永远地消失了。

　　我不知道如何向老人交代这个事情。无奈中我找了陆苇先生，与他商量。谷苇先生是我人生道路上提携过我的师长，长期以来一直关心我的成长，他也是长期关注和报道巴金先生的著名记者，发表过许多重要的报道。如巴金先生完成最后七篇《随想录》的消息就是他首先报道的。谷苇先生竭力安慰我，鼓励我先去找李小林商量，请小林寻机会转告巴老，认为这样比较稳妥。我采纳了他的建议，第二天就去找了小林，难以启齿的事情终于向小林吐露了。我在这里真心赞美巴金先生树立的良好家风，小林听了我的陈述以后一句责备话都没有，反而要我安心，让我写一封信把情况说明一下，由她交给巴金先生。过了几天她又打电话来，要我去家里。我知道巴金先生已经原谅我了，但还是毫无自信地走进了武康路113号。那天小林和李济生先生都在场，巴金先生坐在沙发上，对我说的第一句话是："什么样的事情都会发生的。不要紧。"接着，老人用安慰的口气说，他有日记，记下了《炸不断的桥》的篇目，可以把篇目保存下来。一场对我来说是天大的灾难，也是心灵上一道被重重撕裂的伤口，就这样被老人轻轻地抚平了。同样的情况也发生在恩师贾植芳先生家里，当我把丢失资料的事告诉了先生的养女贾英，再由贾英告诉先生，那天我去先生家，先生、师母和贾英都围坐在客厅里，先生的第一句就说："搬家就等于失一场火，总是要损失的。只要人没有事，健健康康的，就好。"

这个事件，是我的人生道路上的一次重大挫伤，但老人的高风亮节，对我做人态度的教育是极大的提升。我从此养成了战战兢兢、如履薄冰的做事习惯，努力克服内心的骄傲以及自以为是的恶习。尤其是与巴金先生和贾植芳先生两位老人有关的工作，我确是容不得再发生一丝一毫的差错。有些不了解我的年轻人常会抱怨，以为我做事过于较真，对没有事必躬亲的事情总是不顺眼、不放心。那就是因为，只有我自己明白，即使献出我的全部生命，我也难以报答老人的知遇之恩。

读点汪曾祺

胡邦定

　　我劝大家读点汪曾祺，绝不仅因为他写昆明和联大是我的旧游之地。更因为他的书确实耐看。联大出了许多科学大师，也有诗人、文学家，但如汪曾祺这样成为文学巨匠的人却不多。

　　题目这么写是简化了，完整地说，应该是"读点汪曾祺的小说、散文"。汪是1939年考进西南联大中文系的。他在校读了五年，也没有拿毕业文凭。这一点倒有点像陈寅恪大师，并不计较拿不拿学位。汪曾祺自己说，他在学校时，"上课很少记笔记，还时常缺课。完全从兴趣出发，随心所欲，乱七八糟地看一些书。白天在茶馆里，夜晚在系图书馆，都是看书。虽然读的是中国文学系，但大部分时间却是看翻译小说"。他似乎有些当作家的天赋，从小就喜欢东看看西看看，而且看得很认真、仔细，无论是手工作坊、布店、酱园、杂货店、炮仗店、烧饼店、卖石灰麻刀的铺子、染坊、老虎灶，乃至和尚庙等，他都要专心致志地看。这种生活的积累，对他后来写作很有帮助。比如，他写过一个短篇《受戒》，是讲小和尚出家、受戒，乃至和村姑恋爱的故事。那么生动、真切，以至有人问他，是不是当过和尚？这件事很能说明一些问题。

汪曾祺不仅和我是同学，而且和我还可算是同乡。他比我大三岁，进西南联大比我早三年，但他多读了一年，因此有两年和我同学。他是江苏高邮人，属扬州，我是扬州长江对岸的镇江人。虽然一在江北，一在江南，但说话与许多风俗习惯都相近。当我读到汪君涉及故乡的小说、散文时，感到特别亲切。他说的老虎灶，即长年专门卖开水的铺子。20世纪二三十年代物价很低，买一壶开水，连一个铜板（一块银圆换三百个略多一点铜板）都用不了。怎么办呢？老虎灶就卖竹制的"筹子"，一毛钱买40来根，即一根不到一个铜板，打开水付"筹子"就行。这种做法，镇江和高邮都一样。汪曾祺的书里写到这些事，我看时，仿佛回到故乡的童年，用"如见故人"四个字表述我的心情，真的十分贴切。为什么要有老虎灶，自己在家烧水不行吗？这就要说到地方特点。江苏产煤很少，一般人家都不生煤炉，只用大锅烧芦苇做饭。早上，除了大户人家，一般都不起火，而是上街买烧饼油条充饥。中午、晚上才自己烧饭。早晨洗脸、泡茶，也都到老虎灶去打开水。老虎灶不烧煤，而是烧稻糠，也就是稻子最外面那层壳。在汪曾祺的书里对老虎灶就有细致的描写。我说这些只是举例，说明汪曾祺写人、说景、状物都很细致。

我对汪曾祺没有研究，我不知道他出版过多少本书，也不知道有没有出过全集。我只在书肆上前后买过五本他的书，三本小说选（其中互有重复），一本以《读师友》为书名的散文集。还有一本散文选，是广播电视出版社出的，书名很吓人，叫《汪曾祺经典散文选》，我很不喜欢这种戴大帽子的书名。散文就散文，称什么"经典"？叫个"精品选"不就很好吗？这是出版社的噱头，大概是为吸引人买吧，不管它了。我要说的是，就从我买的这几本书看，和我们联大人关系挺大。汪曾祺在家乡高邮生活了十八年，在昆明七年，其中五年在联大。此外，他先后在上海、北京、河北都住过，而以北京最久。这当中涉及昆明和联大的文章就不少。在那本所谓"经典散文选"中，一共分九编，其中就有"西南联合大学编"和"云南昆明编"两个专门谈联大和昆明的篇章。而在"美食编"中，又有"昆明的吃食"和"昆明菜"两节，读后使我这个在云南待了四年，却从未听说过、更未吃过的穷学生，不禁馋涎欲滴。但是我并不后悔，天下没吃过的东西多去了，知道有哪些吃食，也是一种收获。推己及人，抗战时期大家都穷，恐怕绝大多数联大同学都和我一样没有尝过那些美味佳肴。这也没有什么不好，如果在昆明住了多年，至今仍不知道昆明的一些饮食和民俗，倒是很遗憾的。"一事不知，儒者之耻"嘛。

汪曾祺的书里讲昆明的文章一般说得很深、很细，我也在昆明待了那么久，却糊里糊涂。他有一篇文章叫《滇南草木状》，写了九种花木，包括尤加利树、叶子花、马缨花、令箭、一品红、茶花……我真佩服他的求索精神，一草一木都那么认真观察。他的名作《泡茶馆》（多经转载），抓住了茶馆与联大同学那种不解之缘。今天读来，还不禁为之神往。

当然，我劝大家读点汪曾祺，绝不仅因为他写昆明和联大是我的旧游之地。更因为他的书确实耐看。联大出了许多科学大师，也有诗人、文学家，但如汪曾祺这样成为文学巨匠的人却不多。我举几位我们很崇敬或很信任的人对他的评语为证。沈从文先生说："若世界真还公平，他的文章应当说比几个大师都还认真而有深度，有思想也有文才！'大器晚成'，古人早已言之。最可爱还是态度，'宠辱不惊'！"名画家黄永玉说："他是我认为全中国文章写得最好的，一直到今天都这样认为。"再看一位青年女作家铁凝的评论："他带给文坛温暖、快乐和不凡的趣味。"这些评价都既高而又恳挚。确是切中肯綮之论。

汪曾祺取得成就，自然有天赋的因素，他确实很有才，同时和他的家学渊源有很大关系。他的家庭是大地主兼商业资本家。他祖父是个读书人，是清朝废科举制度之前，最后一科的"拔贡"。这个功名是清乾隆七年起才有的，每十二年（酉年）考选一次，由学官选择文章和品行都优秀的"廪生"（即享受政府补贴的秀才），与督抚一起考核后遴选为"拔贡"，可以像举人一样到北京参加会试。但这位汪先生还没赶上会试，科举就取消了。不过能被考选为"拔贡"，说明他还是相当有学问的。他教汪曾祺读《论语》和学做八股文，给他的国学打基础。汪曾祺的父亲更是个多才多艺的人，金石书画样样皆通。这一切说明，汪曾祺出身书香门第，从小受了很好的中国古典文化教育，这无疑对他后来成为作家并擅长书画有很大的关系。

人们都熟知《沙家浜》，我是很欢喜汪曾祺编的这出戏的，不能因为江青插手过就否定它。那些唱词，那些对话，多么生活、多么机智、多么艺术！但江青并不待见他，说是有"江湖气"，真是信口雌黄。开茶馆，尤其是地下党员，不"江湖"一点行吗？汪曾祺在《沙家浜》剧本创作中贡献很大。举一个小例子，据《沙家浜》导演迟金声说：剧本经过多次改写、重写。有一次，他和汪曾祺一起到阿庆嫂的扮演者赵燕侠家中读剧本，总觉得"授计"一场只写了四句散板太少，应该添加一个大段唱腔。"于是汪曾祺在房间踱来踱去，也就是20多分钟的样子，随即落笔，一气呵成，写下了著名的那段十八句的'风声紧'，成为阿庆嫂这个角色的重要唱段。汪曾祺可以称得上是才华横溢。"引号里的话，都是迟金声导演的原话。可见汪曾祺的才思多么敏捷。

汪曾祺（1920—1997）是十足的20世纪的人，比起鲁迅、徐志摩、郁达夫、冰心、朱自清、巴金、老舍这些人是小字辈，但比起现代的青年作家来说，却是老一代了。而从 20 世纪早期到世纪末的几十年当中，正是中国社会经历激烈震荡的时期。汪曾祺被广泛称为"最后一位纯粹文人""京派作家的最后一位传人""最后一个中国古典抒情诗人""最后一位士大夫型文人"等，其原因正由于他受传统文化的影响较深，是在这个转型期生活和写作的。他的国学基础比现代许多作家深厚许多。他的书写得明白晓畅，绝无故作高深、晦涩难懂之处。但他绝不低俗，以迎合某些人的低级趣味。他博学多识，缘于他书读得多，留心身边乃至经历的一切事物。他不是一个刻苦治学的人。用他自己的话说，就是随便，读书和写作都是随意而为，因而能葆其纯朴天真。他不趋时，不媚俗，是性情中人，或曰不失其赤子之心者也。我喜欢汪曾祺的书，因而愿向读者们推荐。谓予不信，那就读一读，不就立见分晓了吗？

说说杨绛的刚强

———

李　冰

去年末，听说杨绛先生病了，住进医院，我和铁凝赶紧打问，准备去探视。铁凝的秘书小丁给杨绛先生身边的吴阿姨挂电话，吴阿姨回话说："奶奶说，谢谢，先不要来了。"吴阿姨还说："有人来探视，奶奶都要脱去病号服，换上平时的衣装，梳洗一番，然后才见人。"

如果我不是调到中国作家协会工作，恐怕无缘结识杨绛先生。杨绛先生喜好清静，不便多打扰，但每年春节前我是一定要去拜年的。拜年我与铁凝同去，因为不少人想去看望她却都被老人婉谢了，而杨绛先生特别喜欢铁凝，对铁凝提出的拜访几乎是有求必允。我们去拜年，老人都迎在门口，冬天风冷也不免礼，告辞时老人又起身送到门口，并与铁凝拥抱。

杨绛先生是大才女，曾随夫婿钱锺书赴英、法留学，回国后在清华大学等学府任外语教授。杨绛先生著作等身，大家熟知的有散文《干校六记》和《我们仨》、小说《洗澡》、剧本《称心如意》和《弄真成假》，有译著《堂吉诃德》《小癞子》《吉尔·布拉斯》《斐多》等，另

杨　绛

有不少颇具创见的文学研究论文。杨绛先生学识渊博，文字清秀灵动，是我极敬佩的那种。

　　杨绛先生的住宅是一栋老式的红楼。若在几十年前，这楼的质量算是相当好的，主要分配给领导干部和各界名人，可现在无论是建筑材料还是房间格局都显得"落伍"了。杨绛先生的室内好像从来就没有像现在流行的那样大动干戈地装修过，仍保持着"老模老样""原汁原味"。墙是白灰粉刷的，地是水泥抹平的。家具很简单，客厅里没有太多的陈设，最显眼的是墙上挂的七言对联，上联"二分流水三分竹"，下联"九日春阴一日晴"，是清代吴大澂的篆书。吴大澂的篆书很有名，文字古拙洗练，工整精绝。壁有名联，室内顿生高雅之气。另一个显眼的是，书柜上摆着钱锺书先生的照片。看着照片，我羡慕钱锺书先生的才学，也同情杨绛先生晚年的际遇。"文革"中的苦难自不必说，更让人难以忍受的是这对文坛伉俪的温馨之家在两年内破碎了。杨绛先生在《我们仨》里写道："1997 年早春，阿瑗去世。1998 年岁末，锺书去世。我们三人就此失散了。……现在，只剩下我一个。"丧女之痛、丧夫之

东吴大学女子篮球队，前排左起第一人为杨绛

痛铭心刻骨，杨绛先生却叙述得如此超然。这是心在流泪后的一种常人难以做到的刚强。在那单薄的身躯内竟有如此坚韧的力量，直令我等须眉自愧不如。

杨绛先生的刚强，只要你留心，在很多小事上都能感受到。在杨绛先生百岁寿辰时，我和铁凝去祝寿。杨绛先生听力不太好，视力却奇好，看书不用戴眼镜，特别是思维，仍很清楚。老人见了铁凝相谈甚欢。她谈起，五四运动爆发时，她才 8 岁，就跟随游行的学生去东交民巷。走到天安门广场附近，遇到军警，队伍被冲乱，她就躲到了水沟边的土坎后面。讲起当时的细节，杨绛先生记忆犹新，脸上泛出兴奋的红晕，被铁凝称为"婴儿红"。还是铁凝细心，她发现天花板上有几个手印，就问了一句。杨绛先生的回答让我们着实吓了一跳：老人说，那是她换灯管时按下的。杨绛先生家里用的是半个世纪前普遍使用的棒状日光灯，有一次灯管坏了，老人家便挪来一张桌子，高度不够，又叠加一把椅子，然后爬上去换灯管。因无处可扶，用手撑住天花板以求平衡。老人登那么高，还要一只手把坏灯管用力抽下来，其惊险和难度不亚于杂技里的高空椅子顶。我猜想，老人身边当时可能再无旁人，否则谁肯让老人冒险呢？身边无人保护，万一失手摔下来怎么办！等别人来更换不行吗？也许老人急需光亮，特别是晚上要读书写字。可家里其他房间灯也坏了吗？想来想去，一个个假设的理由都不成立，唯一的解释是，老人刚强，内心里不服老，一些事要自己动手做。

2013 年，杨绛先生打了一场官司，是版权纠纷。钱锺书、杨绛、钱瑗与香港一位出版杂志的文人当时是朋友，有书信往来，该文人那里有钱家三人的书信手稿百余件。不知怎么这些书信手稿就流入某拍卖公司的手上，行将开拍。一生心静如水的杨绛先生愤怒了。她毅然上诉，要以百岁之身走上法庭，维护自己及家人的著作权、隐私权。人们震惊了。我和铁凝内心很急。官司的输赢在我和铁凝的心里是第二位的，第一位是老人的健康。我们一面安慰老人，一面帮助做沟通工作。经多方共同努力，最终法院判决杨绛先生胜诉，停止了侵害书信手稿著作权的行为，赔偿经济损失和支付精神抚慰金共 20 万元，而这笔钱听说老人都捐了。在这场书信手稿拍卖案中，杨绛先生表现出铮铮硬骨的一面，没有半点柔弱，有的只是刚强。

去年末，听说杨绛先生病了，住进医院，我和铁凝赶紧打问，准备去探视。铁凝的秘书小丁给杨绛先生身边的吴阿姨挂电话，吴阿姨回话说："奶奶说，谢谢，先不要来了。"吴阿姨还说："有人来探视，奶奶都要脱去病号服，换上平时的衣装，梳洗一番，然后才见人。"听了这话，我不禁感叹：老人病时，还这么刚强！

没想到，我还没来得及再去看她，她竟然走了。如今，我只能在内心深处默默地对这位刚强的老人说一句："杨绛先生，请您走好。"

（原载于《作家通讯》2015 年第 2 期）

季羡林：本色的学者

———

李红艳

"纵浪大化中，不喜亦不惧，应尽便须尽，无复独多虑。"这是季羡林先生很欣赏的一首诗，其作者是东晋诗人陶渊明。季先生的为人、为学正如陶氏的诗，本色、自然却又真淳。

漫漫求学路

季羡林先生 1911 年 8 月 6 日出生于山东省清平县（现属临清市）官庄的一个农民家庭，自幼家境贫寒，终年以高粱饼子充饥，一年能吃上一两次白面就很不错了。六岁时，他赴济南投靠叔父，叔父对他很严厉，要求他从高小开始课余学习英语。上初中后，还亲自为他讲课，让他参加课余的古文学习班，读《左传》《战国策》《史记》等，晚上去"尚实英文学社"继续学英文。这为他日后学术上的成功打下了坚实的基础，尤其是培养了他喜好读书的习惯。

1926 年，季羡林转入山东大学附设高中学习，受业于桐城派作家王昆玉先生，遂对古文发生浓厚兴趣，自学《韩昌黎集》《柳宗元集》以及欧阳修和"三苏"等人的文集。同时，开始学习德语。

三年后，季羡林转入省立济南高中，适逢著名作家胡也频、董秋芳在此任教，这使季羡林获益匪浅。从此，他改用白话进行写作，自谓"舞文弄墨终生不辍，全出于董老师之赐"。高中期间，季羡林已经开始创作短篇小说，如《文明人的公理》《医学士》《观剧》等，发表在天津《益世报》上；同时还翻译了屠格涅夫的散文《老妇》《世界的末日》《老人》等，发表在山东《国民新闻》上。

高中毕业，19岁的季羡林入清华大学西洋文学系学习，专修德语。在大学的四年课程中，他受益最大的是一门选修课——朱光潜先生的"文艺心理学"和一门旁听课——陈寅恪先生的"佛经翻译文学"，这两门课实际上决定了季羡林终身的学术研究方向：佛教史、佛教梵语、中亚古代语言研究和比较文学、文艺理论研究等。清华四年，正是他风华正茂的时期，他与吴组缃、林庚、李长之结为挚友。四个年轻人经常聚集在一起，纵论天下大事，臧否古今人物，一时被誉为清华"四剑客"。同时，他还创作了许多散文。并翻译过一些外国文学作品，都陆续见诸报端，成绩斐然。

1935年，季羡林以优异的成绩考取清华大学与德国的交换留学生。是年秋赴德，入哥廷根大学深造，从此开始了十年的留学生活。在哥廷根大学，他主修印度学，副修英国语言学和斯拉夫语言学。他的导师是当时世界著名的梵文和佛教文献专家瓦尔特施米提（E. Waldschmidt）教授。1941年，他以论文《〈大事〉偈颂中的限定动词的变位》获哲学博士学位。当时，欧洲的战火正浓，交通中断，欲归不能，只好滞留在德国继续从事研究工作。五年之中，季羡林在对吐火罗语、吠陀语和佛教混合梵语的研究中取得了很好的成绩：他写了数篇优秀的学术论文，声名大振，饮誉四海。可以说，留德十年所取得的成果，奠定了他在国际学术界的权威地位，至今这些论文仍作为重要文献被引用着。

1945 年秋，欧战硝烟未尽，季羡林急切盼望归国，遂取道瑞士（停留半年）、法国、越南、中国香港，几经辗转，终于在 1946 年夏末回到了阔别 11 年的祖国，这一年，他 35 岁。

殷殷报国心

1946 年，经陈寅恪先生推荐，回国不久的季羡林被北京大学破例聘为教授，兼东方语言文学系系主任。这一待，就是半个世纪。

半个世纪以来，无论是什么样的环境，他都恪守着自己对学术、对祖国的诚挚的信念。20 世纪 50 年代，他写过几篇重要的论文：《中国纸和造纸法输入印度的时间和地点问题》《中国蚕丝输入印度的初步研究》等，这主要是针对当时世界上流行的一种说法——"在中华人民共和国成立之前，是中国向印度学习，而在中华人民共和国成立之后，则是印度向中国学习"而写的。季羡林认为，这个论点既不符合事实，又抹杀了中国对世界的贡献。他通过大量的考证和旁征博引，终于令人信服地证明了印度的纸、造纸术和蚕丝是中国传入的，使得印度学者和各国学者心服口服。后来，他又在《糖史》一书中，进一步论证了蔗糖熬成糖的方法是如何从印度传入中国的，中国接过这种熬糖方法加以提高，熬成白糖，又传回印度的过程。这些看来不大实则是很重要的问题，不但在学术上有重要意义，而且可以烛照出季羡林拳拳爱国之心。

"文革"期间，季羡林背了不少黑锅，一段时间中，"一个月有几天要到东语系办公室和学生宿舍所在的楼中去值班，任务是收发信件，传呼电话，保卫门户，注意来人"（先生语）。但他仍从 1974 年起，倚仗着"心灵深处那一点微弱但极诱人的光芒"，克服了无数困难，将那

部 2000 年来驰名印度和世界的《罗摩衍那》全部翻译完毕，这 250 万
字的印度史诗由梵文翻译为汉文的工作该是一项多么巨大的工程啊！难
怪日本著名教授中村元先生称这一译本为东方第一个，继英译之后，世
界第二个全译本，它将成为日本译事的重要借鉴。

以学术来报国的信仰、以学术来完成对文化本身的研究与展望的信
仰，使得季羡林先生从不敢有丝毫懈怠。中华人民共和国成立后，他除
担任北京大学东方语言学系系主任之职外，还曾任北大副校长五年，第
二、三、四、五届全国政协委员，第六届全国人大代表和常务委员，国
务院学位委员会委员，中国东方文化研究会会长，中国亚太学会会长，
中国比较文学学会名誉会长，中国作家协会理事以及德国哥廷根科学院
《新疆吐鲁番出土佛典的梵语词典》顾问，冰岛"吐火罗语与印欧语系
研究"顾问等 50 余个职务。1992 年，印度研究梵文的最高学府瓦拉纳
西大学授予他"最高荣誉褒扬奖状"。

学贯中西间

季羡林的学术成就介绍起来是十分困难的，其研究之深之专、之广
之丰在这短短的篇幅中是很难写清楚、写全面的。

大体而言，主要有以下十个方面：①印度古代语言研究，②佛教史
研究，③吐火罗语言研究，④中印文化交流史研究，⑤中外文化交流史
研究，⑥翻译介绍印度文学作品及印度文学研究，⑦比较文学研究，
⑧东方文化研究，⑨保存和抢救祖国古代典籍，⑩散文创作。

但是，几十年来，他用心最多、成就最大的领域则是印度学。目前
为止，已出版的有关学术著作已达 800 余万字，为中国的印度学做出了
卓著贡献。

正如他在《季羡林学术论著自选集》序言中写道的："高山、大

川、深涧、栈道、阳关大道、独木小桥，我都走过了，一直走到今天，仍然活着，并不容易。说不想休息，那是假话。但是自谓还不能休息。仿佛有一种力量、一种探索真理的力量，在身后鞭策我。"也正是因为有了这种奋斗不息的精神，他从一个普通的农民的儿子成为学界泰斗。

但季羡林既非书香门第之后，更无家学渊源可言，这学贯中西的学问是如何得来的呢？还是用他自己的话来说吧："我记得，鲁迅先生在一篇文章里讲了一个笑话：一个江湖郎中在集市上大声吆喝，叫卖治臭虫的妙方。有人出钱买了一个纸卷，层层用纸包裹住。打开一看，妙方只有两个字：勤捉。你说他不对吗？不行，它是完全对的。但是说了等于没说。我的经验压缩成两个字是勤奋。"

勤，可以成就一切。

结　语

著名美籍女作家韩素音在季羡林 85 岁华诞时的贺词中写道："他毫不追求权力、财富，或是被人颂扬，他整个献身于他的国家——中国和中国人民，还有他的不动摇的忠诚，对我们所有人来说，都是一个榜样。"这真是十分公允的评价。

季羡林一生节俭朴素，淡泊名利。他从来反对宣传自己，平生只写过一次 2000 多字的自传；他视金钱为身外之物，用自己千元的工资和微薄的稿费在东方学系设立奖学金，或者购买图书寄给家乡的小学校……季羡林平时布衣粗食，他最爱吃的东西是馒头就大葱。但季羡林又是富有的，他拥有太多的书，他爱书，藏书，兀坐在书城中，怡然自得。

这样一位本色的学者，面对他，我们其实是用不着去评价的，也没有资格或能力去评价他。他不太高大的身躯几十年来一直站在东方文化的中流上，从不去苛求引起轰轰烈烈的震动。他的已经褪色的中山装，那顶可爱又随意的绒线帽，以及那直率又宽厚的笑容，与他的学术研究一起，形成了一个 20 世纪本色学者的完整的形象。

我想，本色从来也将应该永远是对一名学者的比较诚挚的评价。季羡林对此二字更应有其独特的体会与理解。

顾颉刚至死不辍之治学精神

———

王湜华

"玄妙观中三年少，老寓京华东城道。"这是叶圣陶先生在题我的《桐桥倚棹录题词》抄本的一首七古中开头的两句。这"三年少"说的是他自己以及顾颉刚先生与家父王伯祥先生。他们都出生于20世纪末，又同在苏州草桥中学（今苏州市一中）读书，志同道合，终于成了著名的文学家、史学家，而老年又欣逢盛世，都搬到了北京工作，并都住在东城。

顾颉刚先生由于勤奋努力，只向真理低头，勇于不断补正一己之不足与舛误，终于成为现当代最有成就的史学大家之一。近日正在编订他的全集，字数当在两千万字以上。"层累地造成中国古史"观，是他早在20年代初就提出的，至今依然闪烁着光辉，在国内外学术界具有重大而广泛的影响。由于顾先生与家父都从事史学，又有长达70年的友谊与交往，所以我有幸能亲炙他老人家的诸多教诲，尤其在他的晚年，真可谓把着手，领着我走上了严谨治学的道路，不少动人的场景，至今犹历历如在眼前。

督导晚辈治学，养疴手不释卷

我本来的志愿是要学历史的，因服从分配而改学阿拉伯语。在北大尚未毕业之前又被戴上了右派帽子而分到外文局所属外文印刷厂劳动改造，摘帽后才到外文出版社任阿拉伯语翻译。1964—1965 年，外文局在香山办起了外语训练班，把我调去任阿拉伯语教师，授课地点在昭庙、镇芳楼等处。从镇芳楼去食堂，必经枫林村的门口。1965 年底，顾颉刚先生手术后疗养，即转来枫林村，住在 105 室。家父知讯，便嘱我常去看望。家父也曾亲上香山探视。这一时期，我在授课之余，便常常去枫林村走走。105 室自然比不上他家，可有六七万册书供他随手翻检，但在书桌上、床头，以至沙发上，依然堆放着不少稿纸与书籍。顾先生一生孜孜矻矻，抓紧分分秒秒从事学术研究的学风是众所周知的，即使在病榻上，亦是手不释卷。

家父珍藏有一手卷，即著名的《书巢图卷》。手卷是横向很长的装裱件，打开阅览时可随展随卷，装裱时将主要的字与画裱完之后，其左往往还要预裱上大段的空白，即叫白尾。《书巢图卷》的主要内容是叶圣陶先生抗战时期在四川乐山为家父作的《书巢记》与《书巢歌》，当时我家仍困守在上海法租界，即所谓"孤岛"。因为家父一生酷喜藏书，而生活一向拮据，当上万册的藏书终于找到一间比亭子间还小的小屋可以集中存放时，便命名为"书巢"。叶圣陶在《书巢记》中说："数历艰虞，而犹守此书巢，展诵为乐，则诚无负于书者也……"在七言柏梁体长诗《书巢歌》中则云："伯翁孤岛意仍豪，语我陈书欣有巢……闻说春回期匪遥，会见贼（指日寇）势逐退潮。届时狂喜料难描，应效杜老发长谣……"在那抗战艰苦年代，盛赞藏书有巢之余，自然更亟盼抗战早日胜利。这手卷的白尾，在抗战胜利后，已陆续有贺昌群、施蛰存、郭绍虞、俞平伯诸先生题咏其上，白尾已用去了约三分之一，而却始终没找到机会请顾颉刚先生题。我想乘先生养病之机完成此项任务，家父也深表赞同，我便携卷去了香山。大约一两周之后，顾先生已将手卷题好交还给我，展卷一看，密密小字，竟一气写满了全白尾。题跋中历叙了他与家父60余年的交谊之外，还对比了二人治学之不同于各自之短长，看来真是情长而嫌纸短，将近一丈长的纸还不够他写的，所以还另用纸为家父题了个"书巢"匾额，匾上又写了长题记，讲到他二人之藏书，若有人再来续编《藏书纪事诗》的话，当可为之殿等之（可惜不久浩劫天降，家父怕为此题记于二人都不利，只得忍痛撕毁了）。这肯定是倾数日之全力才完成的。文末落款是"一九六六年四月一日，顾颉刚书于枫林村之一零五室"。由此可看出，顾先生在疗养期间，依然不忘治学，抓住一切机会来阐述治学之一斑。又谁知两个月后，一场史无前例的大浩劫，就铺天盖地地压在我国人民的头上呢！

我是在1966年春节结的婚，亦即在此前不久，顾先生还特地写了《诗经·鸡鸣》诗两章为贺，并加跋语云：

此二千五百年前新婚诗也。彼时生产力低下，耕稼而外，必猎取野生动物，方足以资生存，故夫妇交勉，不待旦而兴，及其弋得兔雁，乃始饮酒鼓琴，征百年偕老之乐。今日当社会主义建设时期，我辈面临之生产活动不啻万倍于前人。湜华、文修两同志结褵今年春节，敬写此诗两章以贺。知两君久秉毛泽东思想交互砥砺，其远笃于古代伉俪之情，固不待言也。一九六六年三月，顾颉刚书于香山之枫林村，其地与湜华同志授课之昭庙遥遥相望，亦足为此生一纪念。

此外顾先生还写了一横幅，书"春到人间"四个大字，并题云：

"静翠湖边，桃柳争发，新婚宴尔，倘来游乎！湜华、文修俪正。颉刚。"这可真是我俩新婚后所得之最佳礼品，更是莫大的精神鼓舞，不但斗室顿时为之增辉，这两件墨宝始终督励着我，面对它们，顾老孜孜矻矻伏案疾书的形象就会映现在我眼前。

只向真理低头，勇于纠正错误

1975 年 12 月 30 日，家父伯祥先生去世了，享年 86 岁。顾颉刚先生十分悲痛，他比家父只小三岁，所以此后每年给他拜年，他对我说的头一句话总是，我离你父亲死的年龄只差两年了；只差一年了；直说道，今年已到你父亲去世的年纪了，已多活一年了为止。足证他时时在忆念着我父亲，尤其在岁月不待人，新的一年来临之际又见到我，则更是感慨系之。其实最令顾老感慨的，我想是岁月已不多而仍被迫不得不浪费时间，想到他尚未完成的学业有那么多，周总理亲自交给他整理《尚书》的工作还只刚开了个头，而自己的身体精力又日减一日，却还总被那无聊而无穷的运动牵着鼻子走，所以产生感慨是不可避免的。但他在感慨之余，决不颓馁，而是更加抓紧时间努力工作。除他一己之勉力伏案写作外，对老友之缅怀，对后学之督励，也更是有增无减。

我为了纪念先父，特请上海陈从周先生画了一幅《甪直闲吟图》，画幅很小，而甪直水乡风貌，遥见保圣寺殿顶，山色水光已尽收尺幅之间。我准备裱一长手卷，所以按画幅之高裁了两条六尺长的宣纸，首先送去求顾先生一题。因为顾先生早年发起抢救甪直保圣寺唐塑罗汉，是家父为宽慰顾先生丧妻之痛，请他去甪直一游而引起的。后来在一册《甪直保圣寺唐塑一览》上顾先生几乎题满了字，追记当年这段因缘，送给家父。顾先生的第二次婚姻，即由家父把他班上的高才生殷履安介绍给了顾先生，遂致甪直成了他的岳父家。先生面对这尺幅，又勾起了种种怀念，竟用了一周的时间起草，让我读后，又用了近一周的时间誊录，两条纸合长一丈二，竟被先生又写得满满的。他从 1918 年夏，第一个夫人吴征兰病逝谈起，历叙家父导游保圣寺，初步认为罗汉是唐代杨惠之所塑，后来每年回岳父家，见到大殿梁断漏雨，濒临倒塌，最精彩的一尊罗汉及塑壁已首当其冲地濒临倒塌，遂急起呼吁抢救，终于救下了半台罗汉等，都做了追述。而文中最为突出的内容，则是要纠正一己之一段失误。

在顾颉刚发起抢救之后，日本学人大村西崖特来华考察，据他考证认为：罗汉并非唐塑而是宋塑，理由有二：一、杨惠之的足迹并未到过江南；二、直至唐末，罗汉之数仅只十六，十八罗汉是宋代才出现的，所以至少降龙、伏虎两尊罗汉是宋以后的人所增。只是因为颉刚先生日后教学研究工作日繁，南北奔波，竟无暇顾及此事，再予进一步论说。尽管为了充实正确的宋塑说，顾先生也曾专门比对过云冈、龙门、天龙山、南北响堂等自魏迄唐之洞窟造像，已见一己初见之疏漏，却始终无暇撰文承认。而今面对陈从周之所绘，诸多往事一时涌向心头，似有不吐难以平静之势，这种勇于承认一己学术上疏漏之优良学风，哪怕就在为小小图画作题词之际，顾先生也绝不有丝毫轻忽之心。这是何等高尚而笃实的学风啊！所以他在长文之末写道：

保圣寺罗汉像诚不出杨惠之手，然谓其为必无杨惠之遗法存留，则亦未以然矣。此意为予所久怀而迄未尝与朋好言之，今不幸为我首先导游之伯祥已作古人，令嗣湜华酷念先世遗泽，以其家曾一度移家角直，因乞负责修理保圣寺之陈从周同志为作《角直闲吟图》，而于一片碧树中露出保圣寺之一顶，以存积念。予因竭数日力，将数十年胸中块垒一吐，以质正于同人……

顾先生首先承认一己之疏漏，此塑确非出于杨惠之之手。从而更进一步分析导致疏漏的历史原因及主客观原因。这事实上也正是他"层累地造成中国古史"观的一个例证。所以称为"溯源惠子""得非惠之之流乎"等，是有其一定历史原因的，也并不错。经此全面而详尽之考索与分析，这至今尚幸存的半台罗汉，究竟与杨惠之有什么关系，可谓已十分清楚明白了。而现在去用直的人还能看到这半台罗汉，还真应感念顾颉刚先生当年呼号奔波的一片苦心。仅就这一小问题，也足以证明顾先生内心世界的博大，可见到他治学与为人之不凡精神。

酬谢整理碑帖，"他日如见我也"

顾颉刚先生的纯照堂书库中，碑帖的收藏也是相当丰富的。其中主要的还都是他父亲子虬公遗留下来的。而这些碑帖还未编目与著录，内中有子虬公亲笔题识的亦不少。那些年顾先生自己抽空还在不断整理书籍，而暂时还顾不上这些碑帖，有的竟暂时堆放在墙脚边、走廊上。我见到这些珍贵的碑帖，真有大大开了眼的感觉。顾先生见我喜于此道，便给了我一项任务，即为这些碑帖编目录卡片。我非常高兴地接受了这一任务，便逐种立卡片，还将所有题签、收藏印鉴、题跋等，详细著录于卡片上。有些种类著录的文字过多，一张卡片写不完，多的用到三张甚至四张。通过在顾先生直接指导下的工作，使我在碑帖方面长了不少见识。可惜后来事情越来越忙，没能全部完工，也可能还有若干没有翻检出来吧。

这工作对我来说，本是一种难得的学习机会，又正是我兴趣之所在，本是作为直接晚辈的我理应做的，但顾先生却检出一部汤雨生①所

---

① 汤雨生名贻汾，字若仪，号雨生，晚号粥翁，清代中叶武进人，寓居金陵。书画诗文并臻绝品。是清代重要画家之一。

画的山水册页送给我，以示对我编卡片的酬谢。这部册页凡画八开，均裱于右半开，当是重装者北溪老人李嘉福笙渔时预留空页拟请人题咏的。装潢极考究，和色洒银锦缎作封面封底之外，还有黄缎子面子麻布里子的外套，套口安有纽誉纽扣，与封签相应地位还缝有白缎子签条，套内外两签条均为李嘉福自题，时间是光绪甲申（十年，1884）夏日。每开画上均有汤雨生题记，多标明仿某某笔意之类而无岁月，最后第八开上则为总题，云："道光丁未（二十七年，1847）夏五月之望，拟古八帧，写于白门琴隐园中。雨生汤贻汾。"引首钤"粥翁"白文印，下款左钤"雨生"朱文印，画幅右下角钤"粥翁归隐后作"白文印。册页之前后各有两开白页，顾先生事前来信约我去他家，那时他已由干面胡同搬到三里河南沙沟 7 号楼住，等我到后，即当我之面在第二开空页上题字云：

　　清代画法，开自四王，而其流弊则重山叠嶂，有如作律赋然，成为金碧堂皇，作富贵人家堂上之结彩。至扬州一派出，则抒写性灵，易以淡雅；迥与清初之严整者不同。汤雨生出世较迟，又生白下，故与扬州派相近，为一时之弁冕。吾父子虬先生素好瀚墨，得此册于杭州，宝藏之者六十年矣。一九七九年顷，王君湜华为先父整理碑帖，见此而喜之，因举以奉赠，酬其劳累，今年近九十，终岁在病中，不知何日离尘寰，亦愿湜华宝此，他日如见我也。

　　一九八〇年九月十三日，顾颉刚书于北京三里河寓舍。

　　我侍立先生之侧，看着他颤巍巍地提笔落墨，不打草稿，而思路依然如此清晰，益发为他高兴自是一面，同时衰老的一面亦自不可避免，又真为之深深感慨。当他写到末两句，怅失余日无多而仍对我寄予厚望时，心中的滋味着实不好受，热泪不觉涌来眼眶，但又不得不强自镇定，转而祝愿他好好地再多活些年，以便更多地去完成他未竟之业。谁料就在这年年底，他即永远地离开了我们。

正如顾颉刚先生长女顾潮在《历劫终教志不灰——我的父亲顾颉刚》一书中所写的：生命不息，工作不止。我最后见到顾老的这一面，正是他生命不息工作不止的生动一幕。这1980年，他竟有8个月是在医院中度过的，在他生命最后最宝贵的时刻，他还念念不忘奖掖我、督励我，我是永远不会忘怀的。

张岱年：自强不息、厚德载物的哲学家

———

陈　来①

　　今年是著名哲学家张岱年先生的"米寿"之年。汉字的"米"可拆解为八十八，所以 88 岁称为米寿。人生至米寿，已经是古今"稀"有了，更稀有而难得的是，一位八旬老者仍不倦地工作；不仅不倦地工作，而且还"高产""丰收"！试看这两个数字：1980—1990 年，张先生 70 ~ 80 岁间，所发表的文章达 100 多篇。而从 1990 年到现在，张先生 80 岁以后的数年之间，发表出来的文章已经超过了 110 篇！请注意，这还没有把这一期间他所出版的多种著作计算在内。这样高龄的学者还写出这么许多文章，据我所知，在当今的中国学术界，是绝无仅有的。顺便说一句，这些文章并非是花鸟鱼虫之类的闲适小段，而都是"老师宿儒"关于哲学与文化的深思！

　　张岱年先生，字季同，一字宇同，原籍河北省献县，1909 年 5 月出身于一个旧式书香之家，父亲是清末进士，曾任翰林院编修。长兄张申

————————

　　① 　陈来，北京大学教授。

府是参加过中国共产党建党工作的著名学者。张先生幼年时随母乡居，后到北京入小学、中学。1928 年毕业于北京师大附中，同年考进清华大学，因不习惯于清华当时的军训，旋即转入北平师范大学。在大学期间便发表了一系列的哲学论文，由于这些论文得到好评，1933 年毕业即受聘任教于清华大学哲学系，讲哲学概论。抗战时期与清华失去联系，滞留北平，不与敌伪合作。1943 年受聘为私立中国大学讲师、副教授，讲哲学概论和中国哲学概论。1946 年清华复校，回清华任副教授，讲哲学概论和中国哲学史，1951 年任教授。1952 年院系调整，调任北京大学哲学系教授。1985 年起任清华大学思想文化研究所所长。1979 年全国中国哲学史学会成立，连续三届被推选为会长，1989 年后任名誉会长。张先生的个人著述近 20 部（主编者不计在内），其代表作为《中国哲学大纲》《中国哲学发微》《真与善的探索》《中国伦理思想研究》《中国古典哲学概念范畴要论》等。他的著作和论文从 1988 年开始编入《张岱年文集》出版，现已出版至第 6 卷。

张先生的学术活动主要为三个方面：哲学理论研究、中国哲学史研究和文化问题研究。在不同时期，其学术活动的重点有所不同，如 20 世纪三四十年代以研究哲学理论为主，50 年代至 80 年代中期以研究中国哲学史为主，80 年代后期至今以文化问题研究为主。在哲学方面，张先生青年时受其长兄张申府的影响，对英国哲学家罗素、穆尔等提倡的逻辑分析方法深感兴趣。20 年代后期开始接受辩证唯物论哲学，与申府先生共同倡导新唯物论。这种新唯物论哲学强调四个特征：唯物、辩证、分析、理想，即把辩证唯物论与西方现代哲学的逻辑分析方法、中国古代哲学的人生理想结合起来。这些观点在张先生 40 年代的《哲学思维论》《知实论》《事理论》《品德论》《天人简论》中得到体现并组成了一个体系，这五篇我称为"天人五论"。张先生的这些哲学思考收入在《真与善的探索》一书，这些思想的核心是坚持唯物主义关于客观世界实在性的立场，而加以逻辑的论证；继承中国哲学把自然主义和理想主义结合的传统，而加以发展。

在中国哲学研究方面，张先生与冯友兰先生一样，是 20 世纪在这一领域做出了重大贡献的学者。1936 年写成的《中国哲学大纲》是中国古代哲学固有体系、问题、范畴研究的开创之作，在体例和内容上都有重要特色。冯友兰先生在 30 年代初出版的两卷本《中国哲学史》是以人物为纲，按年代为序的通史型写法；而《大纲》不是以人物，而是以问题为纲的系统型写法。它整理出中国哲学的主要问题，分别叙述其源流发展，给希望了解中国哲学某一方面问题的人以极大的方便。这部著作在现代学术界具有十分重要的地位和影响，其中对中国古典哲学的系统、条理、概念、范畴的分析和解释，体现了张先生对中国哲学的深刻理解与把握。同时，以《大纲》为开始，在以后的几十年中，注重阐发中国固有的唯物主义传统和辩证思想传统成为他的中国哲学研究的显著特点。而这种哲学史观和研究方法无疑反映了他的哲学思想。过去的研究者都认为宋明哲学分为理学和心学两大派，即程朱的理本论和陆王的心本论。张先生则提出应分为三派，即理本论、心本论和张载到王船山的气本论，他自己非常重视对气本论的研究，认为气本论是唯物论的中国形态，是中国古典哲学的优秀传统。20 世纪 80 年代张先生开创了关于中国哲学的价值观和人格价值理论的研究，大大开拓了中国哲学与中国文化研究的新领域。在治学的方法上，他最推崇司马迁所说的"好学深思，心知其意"，要求对古人的思想细心体会，倡导严谨求实的学风。

在文化问题上，早在 20 世纪 30 年代中期围绕中国本位文化建设的文化论战中，张先生便提倡"创造的综合"，既反对全盘西化论，又反对国粹主义，主张发挥中国固有的文化遗产，同时吸收西方有价值的优秀文化；强调中国既应保持它的文化特色，又要与世界文化相适应。这种文化观在 80 年代以来的文化讨论中被张先生明确发展为以马克思主义指导的"综合创新论"，在当代思想文化领域占有重要的地位。这种文化观以辩证方法为基础，正确处理文化的整体性和可分性，主张每一文化整体中都有一些成分可以从原体系中离析出来而被吸收、继承、组合到新的体系中去，清理了那种认为要舍弃就全部舍弃、要吸收就全盘吸收的形而上学方法论。80 年代以来，张先生还特别提出发扬"民族精神"的观点，认为每一民族的文化中都寓有其在历史上起主导作用的精神，中华民族的民族精神的主要内容就是《周易大传》所说的"自强不息"与"厚德载物"，自强不息是积极进取的精神，厚德载物是宽容博大的精神，这种"中华精神"是中华民族几千年得以发展延续和 20 世纪虽衰复振的基础。张先生的这一观点在 80 年代以来产生了巨大的影响。

张先生从 20 世纪 30 年代起，为了寻求真理而接受辩证唯物主义世界观，这本应当使他在 50 年代以后大有用武之地，事实上，他在新中国成立后几年中写出了一些重要论文，已引起国内外的广泛注意。然而，1957 年在上级的动员下张先生善意向系总支的工作提出一些意见，结果被打成右派，在正当思想成熟、精力充沛之时，被剥夺了教学与写作的权利。而已经排印好的《中国哲学大纲》也只能署名"宇同"出版。不过，《中国哲学大纲》的高水平研究，使得它以"中国哲学问题史"为题在海外被翻印、翻译；也造成了此后一些年里海外学者的一大疑问："这位水平甚高、功力甚深的宇同先生究竟是谁？"等到他重新开始研究工作时已经年近 70，无怪乎他常自感叹："时光虚度了 20 年！"也正由于此，他在晚年不倦地工作，以争取时间。张先生一向谦和待人，有求必应，他既是诲人不倦的导师，又是忠厚宽和的长者。"自强不息""厚德载物"正是他自己从事学术工作和待人处事的写照。

在 20 世纪的中国哲学研究中，冯友兰先生与张岱年先生是两位水平最高、贡献最大的代表，所以在学术界人们总是把这两位先生相提并论。30 年代冯先生写了《中国哲学史》，张先生写了《中国哲学大纲》，一纵一横，构成了现代中国哲学史研究的经典双璧；40 年代冯先生写了"贞元六书"，构造了新实在论的体系，张先生写了"天人五论"，提出了新唯物论的体系，但都倡导逻辑分析的方法；50 年代以后两位先生致力于中国哲学史的教学和研究，冯先生多研究孔子、老庄，张先生重研究横渠、船山，两位先生都形成了一整套中国哲学资料、教本、史料学、方法论的体系，共同造就了哲学史研究的北大学派和学风。冯先生的学问气象有似于宋儒程明道，张先生的学问气象近于宋儒张横渠，两位先生的关系亦是十分的密切。1988 年《张岱年文集》出版，冯友兰先生为之序，把张先生的立身之道概括为"刚毅木讷""直道而行"，对张先生给予了高度的评价。其实，张先生与冯先生一样，不仅有木讷的一面，也有幽默的一面，张先生讲课，总是会插用一些小笑话或奇闻逸事，又每常常有自嘲之语，使得课堂的气氛轻松活跃。我自己教学多年，但这一点，始终也没有学到。

张先生还善于"活用"各种成语和典故。张先生近年来常说，他的晚年思想可以概括为两句话，他说："我现在是'胸有成竹'，'目无全牛'。"依张先生的解释，"胸有成竹"，是指为中华民族的振兴而建设有中国特色的社会主义；"目无全牛"是指对西方文化和中国文化都要进行分析，不要把任何一方当作不可分析的整体。由此可见，这里的"胸"是指胸怀、境界，"目"是指眼光、方法。前一句是说追求的目标，后一句是说分析的方法。可以说，这两句话是张先生的"明志"之言。

米寿 88 岁，茶寿 108 岁。何止于"米"，更期以"茶"，这是我们对张先生的衷心祝愿。

我所知道的俞平伯

———

牟小东

我和平伯先生的交往并不算早，但是由于我长时间的不断晋谒与请教，我们的关系日渐加深。

1953 年春，我调来九三学社，开始结识平伯先生。从此，我不时到老君堂他的寓所请教。1954 年，平伯先生任九三学社中央委员，后任中央参议委员会委员。当时开展了对他的《红楼梦研究》的批判，平伯先生思想甚是不通。九三学社的同志特别是他的老学长许德珩先生（"五四"前后与平伯先生在北大同学），对他十分关心，并由当时九三学社中央两位副秘书长孙承佩、李毅同志去他家看望，劝他不要有对立情绪，以免遭受更大的围攻。应当说九三学社的帮助有一定的效果，平伯先生的情绪还是比较稳定的，他的检查反映也比较好。后来，他当选了第一届全国人大代表。在人大会上的发言，中国科学院文学研究所还印发给大家。

批判之后，平伯先生虽然感到苦闷和压抑，但仍坚持自己的学术观点，平和地对待一切，保持光明磊落的胸怀和高尚的情操。他并不因为在政治上和学术上受到不公平的待遇而中断《红楼梦》的研究。据我所知，在此期间，他修订了由他辑录评注的八十回本《脂砚斋红楼梦辑评》，并于 1960 年出版了修订本；1957 年，在助手的帮助下，他又完成了《红楼梦》八十回本的校订工作，并写了序言；1963 年，在纪念曹雪芹诞辰 200 周年之际，他又满腔热情地写了《〈红楼梦〉中关于十二钗的描写》的学术论文，并公开发表于《文学评论》上。平伯先生这种不屈不挠的进取精神，表明了他对人文科学事业的衷心热爱和高度的责任感。

1979 年 11 月，第四次文代会召开。九三学社中央在莫斯科餐厅招待出席文代会的九三成员，平伯先生是代表之一，应邀参加了招待会。席间，平伯先生赠我一条幅，是他亲笔所书的《祝第四次文代大会》七绝一首，兹录于下：

当初文运宏开日（1949 年），

喜识三英（谓郭沫若、茅盾、周扬主持会议）集众贤。

阅历风霜桃李盛，

竹筠松粒自贞坚。

这首诗充分反映了党的十一届三中全会之后先生喜悦兴奋的心情。

1980 年的春节，我去三里河南沙沟先生的新居拜年。先生见我来访，感到格外高兴，虽然行走不便，仍然立即扶案走进里间屋，拿出近日出版的《唐宋词选释》相赠。我们知道，平伯先生不仅以研究《红楼梦》著称，词学的造诣也很深厚。他擅长填词，新中国成立前曾在大学讲授词学，发表过许多词学论文，尤其是他的论词专著《读词偶得》和《清真词释》两书，选释温庭筠、韦庄、南唐二主和周邦彦五位唐宋名家词作，着重于词意和写作技巧的剖析，体会深切，分析细腻，久为读者所称道。《唐宋词选释》则是新中国成立以后先生词学研究的成果。此书早就听说要问世，承蒙持赠，使我喜出望外，十分感谢。

当时，我最关心的是先生对于《红楼梦》的研究是否还在继续。我在想，第四次文代会开过以后，先生可能重新鼓起劲来从事"红学"写作了。我就这一问题问起先生时，不料得到的回答却恰恰相反。他说："近来有两个研究'红学'的刊物在创刊，都来要稿子。一个，我送了一首诗；另一个，我寄了一篇旧稿。总之，我现在不写这方面的文章。"我一怔，不解先生的意思。先生从神色中察觉到我有疑问，于是从容地谈出不写有关"红学"研究文章的理由："近十几年来，研究《红楼梦》的文章太多了，要写，首先就要研究这些材料，而我则无此时间。"诚然，回顾20世纪70年代初期以来，在《红楼梦》研究上，是有一些高水平、高质量的好文章问世，不过也的确有不少文章陷入了从某种现成结论出发，对丰富生动的文学作品搞简单化的"对号入座"，使《红楼梦》研究工作受到严重破坏。这些文章的数量固然不少，如果评论起来却有徒费精神之感。

我问先生："能说《红楼梦》是一部阶级斗争的书吗？"先生连连摇头地说："不能，不能这样说！《红楼梦》里有些内容是反映了阶级斗争，比如乌进孝的'交租单'，凤姐放高利贷，是贾府剥削的表现，不然宁荣二府靠什么维持！但是，不能说全部是反映阶级斗争的作品。尽管王静安（国维）的《红楼梦评论》是唯心主义的观点和悲观厌世的人生态度，但是，他从美学、伦理学角度来评价《红楼梦》这一点还是可取的。可惜王静安的文章作于20世纪之初，后来发现的材料他都未及见到，是为憾事。"

平伯先生对我说："我在解放以后，并没有搞《红楼梦》研究，只是整理了一部《八十回校本石头记》。《红楼梦辨》是'五四'前后写的，解放以后出版的《红楼梦研究》，是它的翻版。"先生感慨地说："我和顾颉刚先生讨论《红楼梦》问题的通信（见《红楼梦辨》），那还是老老实实的。"老实，是治学态度严肃认真的反映。翻开平伯先生当年写的书，不难看出老一辈的"红学"家是从作品的客观实际出发，围绕《红楼梦》本身的问题进行研讨。而后来某些人的考证则是脱离作品本身，一味追逐曹雪芹的家世，或是就书中的人物寻找实人实事，其烦琐程度和平伯先生相比，已经发展到不可以道里计了。

近20年来，发现了一些有关曹雪芹家世及其本人的材料，就这一问题我问平伯先生有何看法？先生告诉我："现在考证曹氏的家世已经上推到了明代，如果再往上追索，我看推到唐代亦有何不可！不过，这种探索与《红楼梦》又有什么关系？""还有，近几年陆续发现了有关曹雪芹的材料和所谓他的'遗物'，即使这些材料都是真的，说曹雪芹会扎风筝，并且是烧鱼能手，这和《红楼梦》本身又有什么关系？何况《红楼梦》里本来就有描写风筝的情节。"我对于曹雪芹的材料和"遗物"，曾经不止一次地同朋友辩论过，我是不赞成这方面的探讨和研究的。经平伯先生这么一说，我更加认为追求曹家上代世系及辨别"遗物"真伪等的结果对《红楼梦》作品本身的研究，实在是风马牛不相及，的确无此必要。

我是在平伯先生受到批判之后，才开始阅读他有关红学研究的著作，而且发生了浓厚的兴趣。我认为平伯先生的研究着重从《红楼梦》这部作品的本身出发，以实事求是的方法和深刻的艺术辨析，探索了《红楼梦》的内蕴。这种研究，打破了"五四"以前《红楼梦》研究中"索隐派"的猜谜式的方法，把我国最伟大的古典现实主义小说还原为文学现象来加以探讨，把作品同作者的身世、思想、生活联系起来考察，使《红楼梦》的研究比前人更加合理，从而走向科学的轨道。

到了 1986 年 1 月，在经过 32 年之后，对于批判平伯先生的"红学"研究终于得出了公正的结论，中国社会科学院院长胡绳同志在庆贺平伯先生从事文学活动 65 周年大会上的致辞中说：

俞平伯先生 20 年代初对《红楼梦》研究是有开拓性意义的。对他的研究方法和观点提出不同意见，是正常的；但 1954 年下半年对他的政治性围攻是不正确的……

《红楼梦》有多少传记成分，怎样评价《红楼梦》等问题，只能通过学术讨论来解决。学术界的自由讨论是受中国的宪法保护的。共产党对这类学术问题不需要也不应该作出裁决。1954 年，因为有人对俞先生的红学研究有不同意见而对他进行政治性批判，不仅伤害了俞先生的感情，也对学术界产生了不良影响。

这一公正的结论说明，真正有价值的东西，是会被历史所铭记的。走过不平坦的道路并经过历史的筛选之后，平伯先生的建树仍然不可磨灭。

平伯先生晚年发表了两篇论文：一为《旧时月色》，一为《索隐与自传说闲评》，对红学研究提出新观点、新看法。他认为"本书虽是杰作，终未完篇；若推崇过高则离大众愈远，曲为比附则真赏愈迷，良为无益"。他说："我过去也是自传说的支持者，现在还有些惭愧。"他认为"索隐派"和"自传说"，两派都钻了牛角尖。他说《红楼梦》毕竟是一部小说，不能离开小说的艺术形式进行研究。小说就是虚构，"以虚为主，实为从，所有一切实的，融入虚的意境之中"。不能把小说中的人、事、物都一一落在实处。研究《红楼梦》，应着眼它的文学和哲学方面。"十年动乱"以来，本来他是闭口不说《红楼梦》的，现在他提出新的看法，这与党的十一届三中全会之后，我国学术界出现了欣欣向荣的和谐局面是分不开的。

平伯先生晚年因中风患偏瘫之症，为减少他的劳累，故我存问较稀。今先生归道山久矣，想起他的朴厚、正直，不免兴起老成凋谢之感，谨撰此短文，聊以寄托我的怀念之忱。

文苑耆宿　译界泰斗

——敬悼杨宪益先生

———

董宝光

当代著名诗人，翻译家李荒芜先生和宪益先生在外文出版社共事多年，二人交情深厚。荒芜先生系我的父执，曾向我详谈过宪益先生的遭遇和经历。《团结报》前主笔王奇先生和宪益先生均系民革中央委员，系多年老友，王老亦系我的父执。

现就我所知道的宪益先生的生平事迹略作回顾，可知他老人家为人处世的高尚品德和渊博学识堪为后学之楷模。

吕端大事不糊涂

宪益先生系杨家的独生子，生于 1914 年 1 月 10 日。生肖属虎。其母徐燕若夜梦猛虎入腹，寤而宪益降生。

宪益先生晚年回顾自己的一生，认为自己系"白虎星照命"，盖俗谓白虎星系凶神，遂以之自许也。其晚岁用英文撰写的回忆录即题

White Tiger。

宪益先生青少年时家境优裕，又系独子，养成纨绔作风乃意中事耳。以致其一生花钱随意，不善料理家务。他对自己的工资和待遇从不关心，更不计较，平时口无遮拦放言无忌，大大咧咧，俨然公子哥儿作风。

1944 年至 1946 年，宪益先生在重庆国立编译馆将司马光的《资治通鉴》译成英文，三年时间已译完了 35 卷，积稿盈尺。后因客观原因未能译完。20 世纪 80 年代，一位澳大利亚友人对此感兴趣，宪益先生遂将此手稿慨然赠之。等于将自己三年的辛勤劳动成果无偿赠予他人，在其心目中毫无"知识产权"概念。有人向他问及此事，宪益先生不以为然地回答："这种事很多，无所谓。"他说不清自己工资的数目，连自己三个孩子的出生年月也语焉不详。但对一些大事则坚持原则，毫不含糊。

1941 年，国民党政府教育部副部长杭立武认为宪益先生出自名门世家，又毕业于牛津，颇堪重用。于是动员宪益先生加入国民党，他以孔子之言"君子不党"为借口，严词拒绝。

1946 年，宪益先生在南京加入"民革"，成为南京"民革"组织的创始人之一，策动反蒋，推翻蒋介石的反动统治。他和南京的地下党取得联系，利用自己的社会关系为地下党收集情报。这是件风险极大的工作，南京地下"民革"组织曾有两位负责人被捕后处决。但宪益先生义无反顾地执行地下党的指示，并出色完成了任务。

他的性格和闻一多先生很相似，面对丑恶现象动辄"拍案而起"，决不顾及个人安危。古人云"诗言志"。宪益先生常常用诗表达自己的忧愤心情，他的诗措辞戏谑辛辣，言简意赅，耐人寻味，鞭挞了丑恶现象。作为某种抗议，他将这些诗公开抄给别人，"文革"中这些授人以柄的诗作，被打成"反诗""黑诗"，他本人亦因之成为"反革命"，为此他付出了沉重的代价，但他决不后悔。他有一首七绝《自勉》：

> 每见是非当表态，偶遭得失莫关心。
>
> 百年恩怨须臾尽，作个堂堂正正人。

正是他实际为人的写照。

辉煌的学术业绩

宪益先生天资聪颖，幼年就学于家馆，熟读《四书》《五经》，大部分都能背诵，曾在一天内把全部《左传》背完。至于《唐诗三百首》《千家诗》和《楚辞》，他能倒背如流。为他打下了坚实的国学基础，绝句、律诗和古文均有很高水平。在英国牛津大学留学六年，不仅精通英文，而且对古希腊文、拉丁文、法文亦有很深造诣，当之无愧是位学贯中西的学者。他能熟练地驾驭多国语言，为从事翻译工作准备了充分条件。

有人认为，翻译工作只不过是不同语言之间的转换而已，并无创新。轻视译者，称为"舌人"。此纯系偏颇之见。盖不同民族语言不同，生活习惯殊异。汉语和外语词汇并非严格一一对应，且语法规则迥异。译者必须精通被翻译之语言和译后的语言，才能承担此任。首先要精读被译文章，透彻了解其原意，然后还要保证翻译后的文章准确无误地表达原意，同时译后的文章行文要通达畅晓，措辞生动形象，符合该语言的民族习惯，更重要的是保持原语言文字的意境。故翻译过程实际上包含着一个"再创作"的过程。然而这个"再创作"的自由度极小，有人喻翻译工作为"戴着镣铐跳舞"，诚哉斯言，而要跳好这种舞蹈，则非技艺高超的舞蹈家莫办！昔贤严几道先生谓："译事三难，信、达、雅。求其信已大难矣。顾信矣，不达，虽译犹不译也。则达尚焉。"他又言及译世界名著之难："步步如上水船，用尽气力，不离旧处。遇理解奥衍之处，非三易稿，殆不可读。"道出了译事工作的甘苦。

《离骚》系中国古代诗歌的代表作。宪益先生幼年即熟读并能背诵。在牛津留学期间，兴趣所致遂将其译成英文。《离骚》文辞古奥艰涩，引用大量有关典故，此诗中国人均不易理解，而宪益先生却以轻松愉悦的心情译成，毫无吃力之感。须知当时宪益先生年仅 24 岁，尚未毕业。此系他中译英的处女作。著名英国汉学家大卫·霍克斯看到此译诗吃惊道："这首《离骚》的诗体翻译与原作在精神上的相似程度，就像一个巧克力的复活节彩蛋和一个煎蛋饼的相似程度一样。"这首译诗充分显示了宪益先生早年的翻译才华，欧洲各大学图书馆均有收藏。

《红楼梦》系一部伟大的现实主义小说，其内容涵盖了中国社会的方方面面，描写了从达官显贵到平民百姓各阶层人的生活，有士农工商、医卜星相、僧道番尼、三姑六婆、贩夫走卒、奴仆家丁等。涉及了民风民俗、年节时令、园林建筑、衣食住行、琴棋书画诸多领域。书中还有诗、词、歌、赋各种体裁的文艺作品，可谓清代社会的一部百科全书。没有广博知识的普通中国读者均不敢说能完全读懂此书。宪益先生和英籍妻子戴乃迭二人竭尽毕生精力，将《红楼梦》译成英文，被海内外学术界公认为当前最佳的英译本。

现举一例以窥一斑。

《红楼梦》中的人名均有着固有的含义，如元春、迎春、探春和惜春，寓意"原应叹息"一语；她们的四婢女抱琴、司棋、侍书和入画，则寓意"琴棋书画"四才艺；贾雨村和甄士隐分别寓意"假语村言"和"真事隐去"；贾政则寓意"假正经"；等等。通常译书习惯，人名均采用音译。而英译《红楼梦》中的人名若如此处理，则原有寓意尽失矣！宪益夫妇十分注意此事，他们在翻译这些人物的名字时尽可能保留原有的寓意。而这是一项难度很大的工作，非高水平的译者莫办。将宪益夫妇的英译《红楼梦》称为原汁原味的英译本足以当之矣。此英译本引起了中外文化界的轰动，为中国经典文学名著在世界赢得了更加广泛的国际影响。

宪益先生和妻子戴乃迭合作英译中国经典文学名著，通常先由宪益先生译出初稿，然后再由戴乃迭进行加工润色，得到二稿。二稿的工作量远大于初稿。她不仅要与中文原著进行校核，疑难之处则要与宪益先生共同讨论，反复磋商，一定要做到译文准确，措辞生动、典雅。二人珠联璧合，成为最佳的合作者。

据外文局的一份统计资料可知，20 世纪 50 年代，他们二人译有：古典文学名著、鲁迅著作、现代文学作品以及京剧、越剧、昆曲等剧本共四五十部。宪益先生还将一批西方经典文学名著译成中文，为广大中国读者了解西方文化打开一个窗口。而这仅仅是他们全部工作量的一小部分，这些译著均无稿酬，无版税。粗略估计，其全部译著当超过千万字，翻译界其他人难以望其项背。

先生捐馆后，世人谓，他"几乎翻译了整个中国"，"铸就了中国翻译史和中西文化交流史的丰碑"，宪益夫妇可谓"译界泰斗"。

除大量译著之外，宪益先生的诗作亦颇具特色，尤其是七律，格律严谨，韵律和谐，对仗工整，措辞戏谑而不俗，用典贴切但无掉书袋之弊，寓讥讽于辛辣之中，信手拈来言近而旨远，均系上乘之作。遗憾的是其诗作多半散佚，保留的不多，更未能结集出版。

周培源："这一辈子并不是我所追求的"

周如玲　盛森芝　陈佳洱 等口述

为了抗战救国，放弃相对论

周培源，中国理论物理的奠基人，1902 年出生于江苏省宜兴县的一个富裕宽松的家庭。"五四"时期，他因领导学生运动而被校方开除，随后潜心自学，一举考入清华。还在读书时期，周培源便对相对论产生了极为浓厚的兴趣，并成为在爱因斯坦身边工作时间最长的中国人。

"七七"事变北平沦陷后，清华大学、北京大学与南开大学迁至昆明联合办学，改名为国立西南联合大学，时任清华教授的周培源也携家眷来到昆明。在昆明，为了实现科学救国的抱负，周培源专门开设了与抗战有关的课程，如弹道学等，并将自己的研究重点从相对论转移到流体力学领域的湍流理论上。湍流理论虽是基础科学，但它在飞机、导弹、舰艇的研制上发挥了巨大的作用。

周如玲（周培源三女儿）：当时清华物理系有个物理研究所，几乎一半以上的研究人员，包括学生都跟着父亲在做湍流。他的想法就是说科研要为战争服务，这对他的学生影响非常大。像中国最有名的女核物理学家何泽慧，就是那个时候听了我父亲的弹道学，所以后来她到德国去跟 Cranz 念博士的时候，学的就是弹道学。

在周培源的影响下，许多物理系的学生，如王竹溪、彭桓武、林家翘、于光远等人都走上了理论物理的研究道路。周培源的学生张守廉曾说，孔夫子有弟子三千，培源师有学生三万，孔夫子弟子遍全国，培源师学生遍天下。

盛森芝（北大力学系教授）：他的研究生很多，后来我们为他庆祝90大寿的时候，给他算了一算有九代弟子。九代弟子排着队上去给他献花，那场面很动人。

在昆明，为了躲避轰炸，周培源一家搬至城外西南方的山邑村，俗称龙王庙。这里地处偏远，条件艰苦，却环境清幽。龙王庙与西南联大分处昆明南北两侧，为了方便出行，周培源买了一匹滇西枣红马。他身体结实，凛然骑在马上，颇有几分威武。物理系教授饶毓泰便戏称他为"周大将军"。

这位在相对论及流体力学领域颇有造诣的物理学家"周大将军"，在西南联大度过了五年多的岁月。物理学家李政道曾这样评价他的老师：培育桃李满天下，源自前辈种树人。

钱学森的导师对周培源说：你的工作大大地超过了我

1943 年，周培源远赴美国加州理工学院做访问教授，继续研究湍流理论。1945 年，他在美国《应用数学》杂志上发表的《关于速度关联的湍流脉动方程的解》，被视为湍流领域的经典文献。他后来也被人们称为世界当代流体力学四位巨人之一。

周培源题词

周如玲：我父亲也把这个工作跟钱学森的导师、加州理工学院最有名的空气动力学专家von Kármán仔细地谈过，并且说：我的工作都是在你的关联函数等设想上做成的。von Kármán从头到尾非常仔细地跟我父亲谈过后说：你的工作是大大地超过了我。

在美国，周培源已经有了三个女儿，一家人生活得其乐融融。许多留学生，像钱学森、钱伟长、孟昭英等，都常常跑到他家吃饭，有的时候还开车出去郊游。大家戏称这是个China society，就是中国人的一个小聚会。

此时，美国为加强国防研究，成立了战时科学研究与发展局，周培源所在的加州理工学院承担了鱼雷空投入水的研究项目。周培源提出了计算空投鱼雷入水时产生的冲击力的方程，经实验证明完全正确。第二次世界大战结束后，美国海军部成立了海军军工实验站，以高薪邀请周培源，但要求外籍人员必须入籍美国。面对美国人的邀请，周培源提出了三个条件：第一不加入美国籍；第二只能承担临时性的研究任务；第三可以随时离去。

周如玲：美国政府在这样的条件之下，还是同意了我父亲进局，可见当时美国政府对我父亲科学研究工作的重视。当时给他的工资是美国教授里头最高的，年薪六千多块美金以上。

在实验站，周培源总结了自己对于鱼雷入水的研究成果，写成了一份极为详尽的材料，并上交给美国海军部。美国政府对此一直保密，直到 1957 年才解密。在他的理论基础之上，美国人计算出了水上飞机降落到水面上所受的冲击力。

短短半年后，周培源辞去职位，回到了魂牵梦萦的祖国，继续担任清华物理系教授。

盛森芝：新中国成立后，周培源说自己在美国研究过鱼雷入水问题，把那份资料都交给了我们的海军部门。海军部门一开始大概也没有太注意，就没有充分利用这个材料。

三峡 —— 晚年的心事

1981 年 3 月，周培源辞去北大校长职务。年近八十的他，并未就此安于晚年生活，转而投身于三峡工程的建设当中。在女儿周如玲眼里，三峡也成为他晚年最重要的心事。

武际可：他晚年一直关注三峡问题。他说，一旦有什么考虑不周，就会遗祸子孙。我每次到他家给他拜年的时候，别的话他都岔开，就是讲三峡问题。

1988 年 9 月，身为政协全国委员会副主席的周培源，率领 182 位全国政协委员，奔赴湖北和四川有关地区考察。考察一共持续了一周，夜间行船，白天召开座谈会并进行实地调研。

周如玲：最早去三峡调研、视察的时候，他是同意上的。但是回来

和孩子们在一起

之后，他听了很多跟他相左的意见，感到很惊讶。所以他不知道作了多少调查研究，不知道找过多少人谈话，然后自个儿又带着政协代表团，几次三番到三峡那儿去调研。

陈一雄（周培源秘书）：在考察当中，周老始终跟政协委员们积极地探讨这些问题，开了好多次会，听了很多报告。回来之后，给中央作了一个关于三峡考察的情况和建议报告。

这篇名为《关于三峡工程的一些问题和建议》的报告被刊登在由中国科学院主办的1988年第6期《水土保持通报》上。在报告中，周培源从22个方面论证了三峡工程，认为开发三峡的问题应当"花小钱办大事"，得到了中央的肯定。

周如玲：他对大西南的开发非常认真。在担任九三学社主席的时候，他组织九三学社对大西南的开发做了系统的调查研究，向中央提出了系统的报告，其中很多建议，都被中央列在了"八五"计划里头。

在三峡大坝的论证过程中，周培源非常注重科学决策、民主决策，并以此为主题进行了一番发言，呼吁重大经济建设项目和经济发展战略的决策应符合党和国家提出的决策民主化和科学化，尊重科学家的意见，民主投票。

作为一名科学家，周培源一生中始终视科学、求真为首务，"五四"为始，"文革"如此，三峡亦然。晚年期间，他曾多次要求上级减少他的兼职和社会活动，并说出了这样一句话：这一辈子并不是我所追求的。

（凤凰卫视《我的中国心》栏目文稿）

邓友梅：为文得寸进尺，做人退让三分

———

张　辉

邓友梅的作品与他的经历密切相关。

他 1931 年生于天津，少时只上过四年小学。11 岁那年，父亲失业，全家人回到故乡山东平原县，邓友梅成为八路军的一名小交通员。1943年，为逃避日寇的追捕，他跑回天津，流浪在街头，为招工者所骗，被强行运送到日本山口县的一个工厂做苦工，受到各种非人的折磨。第二年，历尽千辛万苦后返回祖国。这一段经历成了日后他创作《别了，濑户内海》《他乡遇故知》《喜多村秀美》等海外题材小说的素材。

14 岁时，邓友梅再度入伍，本想学当电报员，正好新四军文工团需要小演员，因为他会说普通话，即被调进文工团，成了一名"文艺工作者"，用他自己的话说，他走进文艺圈纯粹是"服从命令听指挥"。在文工团，演戏就要背剧本，几年下来，肚子里装进一沓剧本，还顺便养成了读书习惯，为以后的写小说编故事打下了基础。"解放战争打响后很少演戏，不读剧本我就读小说。战争中一切缴获都归公，唯独破书乱纸公家不要。我参加打扫战场，常能见到小说。欧美、苏联的翻译小说，线装的石印的话本传奇，武侠言情，福尔摩斯，什么都能碰到。捡多了背不动，就要选择。我那时还没有'政治挂帅'的觉悟，唯一选择标准就是'好看'。""今天回想起来，我的'好看'似乎有两个条件，一是有趣，二是有益。这个'益'不是政治意义上的'益'，不论是道德上、文化上、心理上、感情上、知识上，只要起点惩恶扬善效应都算有益。"

就是这些"好看"的书籍为他提供了丰厚的文学滋养。1950 年，他成了北京市文联的一名编辑。当他拿起笔来写小说时，也即以有趣有益为标准。他说："我不幻想自己作品有多大政治价值、多高思想水准，只要有益于世道人心。"

1956 年 5 月，毛泽东提出了"百花齐放，百家争鸣"的文艺方针。正是在这一年，邓友梅创作了短篇小说《在悬崖上》。这是一篇爱情小说，以对人性、人情的大胆描写而引起文坛的关注。它与王蒙的《组织部新来的年轻人》、宗璞的《红豆》、陆文夫的《小巷深处》等被称为这一时期文坛上积极干预生活和表现人性人情的代表作。当时的邓友梅刚刚 25 岁，正是踌躇满志准备大显身手的年纪。但是，随着 1957 年反右斗争的开始，这批"鲜花"旋即变成"毒草"，受到严厉批判。邓友梅也因此被打成右派，下放工厂劳动改造，长期被剥夺了写作的权利。

为文得寸进尺，做人退让三分。

他再提起笔来写小说已是 22 年之后了。1978 年，《我们的军长》获得全国第一届优秀短篇小说一等奖。

这时他早已过了不惑之年，他开始思考以后的道路。如果说，他当初走进文艺圈是"服从命令听指挥"，把写作看成是革命工作的分工，那么，这时写作已成为他自觉的选择。他认为，写作与做人正好相反。做人要谦虚，要以人之长比己之短，善于看到别人的长处，向人家学习。而写作却要以己之长比人之短。找到自己的长处，才会有所成就。比如：王蒙生长在知识分子家庭，被打成右派后发配到新疆，他写知识分子和边疆生活最拿手；刘绍棠在京郊农村长大，被打成"右派"后又回到农村，他描写乡村生活最地道。而他自己，虽有军旅生活的经历，但能写战争题材的作家很多，也出了一大批好作品，自己很难再超越他们。但是，他也有自己最熟悉的生活。当年初进北京时，北京还保留着古都的面貌，他看到了老北京的生活方式。并且，他参与了对老北京的一些改革。被打成右派后，留在建筑公司改造。每天下班后路过天桥，闲来无事时就在那里转转，听两段评书；再说，一起劳动的也都是老北京的市民，什么老警察啦、皇族后裔啦……可以说三教九流无所不有。正像他说的，"我从十一二岁就步入社会，从中国到日本，从旧社会到新中国，有过各种悲欢经历，结交了各类朋友，还有过些左道旁门的杂书，写一点世俗民风、细民琐事、人情冷暖、世态炎凉，比起那些经历较我单纯的同事就有些便宜。我在北京住了数十年，这地方几百年来都是中国首都，许多重大的历史变故都在普通市民身上留下了烙印，并且形成了它独特的语言风习"。

于是他尝试着用北京口语写北京人的生活。先是写了一篇《话说陶然亭》，想不到引起很大反响。这给了他鼓舞，他几十年的生活积累被激活，从此一发而不可收，先后又写出《那五》《烟壶》等一系列表现老北京市民文化和风俗民情的小说，连续五次获全国中短篇小说奖。正是这一批小说使邓友梅"找到了自己"，也正是这一批被称作"京味文化小说"的作品奠定了他在中国当代文学史上的地位。这些作品所蕴含的独特文化价值和美学价值在当代文学史上是无可替代的。

邓友梅有一句名言：为文得寸进尺，做人退让三分。生活中的邓友梅平实、谦逊，有一件小事给笔者留下了深刻的印象。1997 年政协大会期间，正值"三八"妇女节，西郊宾馆驻地的委员们举行联欢晚会庆祝。晚会上，早晨刚刚从美国归来的舞蹈家刘敏翩翩起舞，掌声中邓友梅手持一枝鲜花走上舞台，很绅士地献给刘敏。爱开玩笑的作家张贤亮带头起哄："邓友梅委员真勇敢！"观众更起劲地鼓掌。回到座位的邓友梅向周围人解释："刘敏委员刚刚从美国回来就给我们表演，很辛苦的。"一脸的认真和严肃。这样地为别人着想，这样地心存善意，令接触他的人感到生活的快乐和温暖。这也是他的愿望："我这辈子吃了不少苦，受过太多罪，就希望这个世界变得更光明更美好。"

老腔为你吼不尽

——回忆陈忠实先生

忽培元　赵丰　肖云儒　朱文杰　陈毓

　　陈忠实先生去了。这位把自己的一生完完全全托付于文学的老汉，乘着神鹿消失在原的深处，再也不见。从此，苍凉古朴的原上，只留下那谝不尽的故事，还有那吼不尽的老腔……

文学的"入室弟子"

　　两三年不见，陈忠实明显瘦了。如同一匹长途奔腾后刚刚收蹄的老马安卧下来，颧骨高隆，脸颊松弛，一双老眼更显深邃，头顶的苍发有些零乱，额头上的抬头纹像几道深深的犁沟，把睿智、宽厚、正直与苦乐播进眉宇之间……这位作家，平时就是一个普通的秦川汉子：喜好看足球喝啤酒，喜欢吃羊肉泡馍啃乾县锅盔，不过偶尔也会吟诗书联。听说现在他每天的案头工作还排得很满。为了潜心投入工作，原本需要人照顾的他却离开家人，独住一处，埋头写作。

2013 年，陈忠实在白鹿原

　　这是四年前，陈忠实先生给我的印象。那是在夏季，一天下午，我和文友艾庆伟相约先生到东大街老孙家吃泡馍。每次到了西安，先生再忙，都要抽空一聚。先生喜欢吃家乡的牛羊肉泡馍，可是他性子急，饼总是掰得大，吃得也生快。饭来了，他先不吃，只是坐着抽烟，看着你吃，目光慈祥而随和，俨然宽厚长兄。别人吃饭，他就这么一根接一根地抽烟，把饭凉在那里。他指尖夹着的还是那种黑棒棒廉价工字牌卷烟。烟雾缭绕中目光越显慈祥，人也越发显得苍老，更像是一尊古铜色雕像。抽黑棒棒卷烟对于作家陈忠实，那就像画家刘文西永远不变的那身灰色中山装。这是属于他们标志性的个性化道具。陈先生抽着烟眼看大家吃，估摸饭也凉了，这才掐了烟端起饭碗，呼哧呼哧大口地开喋。大约十分钟工夫，碗就空了。陈先生放下碗，心满意足把嘴一抹，就算完事。现在回头看，其实那时他已经病了，只不过自己一无所知，还一如既往拼命工作。

作家陈忠实，他就是一个真正的关中农民，或是一头农民看重的犍牛，天生就是劳作的命。我当时很担心先生的身体，建议他少抽烟、多吃滋补品。先生嘿嘿一笑，没有回答。那次见他消瘦衰老的样子，我感到了一种莫名的担忧。事后好几天，他那苍老疲惫的容颜总是挥之不去。

先生一辈子没啥业余爱好，就是好抽卷烟、好听几句秦腔，尤其以华阴老腔为甚。先生不会唱，就是喜欢听，每每听到忘情，就会哈哈大笑或是咬牙切齿、捶胸弹脚。

我常想，陈先生何以最爱听秦腔，何以对华阴民间老腔那么着迷？秦腔吼起来字正腔圆、音乐形象顶天立地，是豁达豪放、爱憎分明、撼天动地的艺术，而华阴老腔更甚。这正同陈先生堂堂正正的品格一样。他的作品中，多见金石有声、慷慨悲歌之士，关键时候，常能克己为人，甚至舍身成仁，那是他的理想化身与精神寄托；同时，他作品里面也不乏苟且淫乱、成天日鬼捣棒槌的小人混混，那是他视为仇敌，甚至不屑一顾的一堆人渣。他的文字里，似乎并没有多少正面描写秦腔的，然而，秦腔慷慨激昂的旋律、吃钢咬铁的气势，仿佛永远都是他作品的贯穿红线与背景音乐。在我的印象中，陈先生说起话来，总是是非分明、斩钉截铁，绝不含糊其词、阳奉阴违。他言谈话语不藏情，喜怒哀乐溢于表，地道的秦腔道白，梆子爽朗，掷地铿锵。

先生是运用关中方言的高手，那种经过提炼的口语化原汁原味，文字质朴简练，就像农民说话，实话实说，铁骨铮铮，令人读着比吃羊肉泡馍还囊口。柳青在创作上一直被陈忠实视为第一导师。一次，先生对我说："《创业史》是我的守护神，不知道读了多少遍，年轻时总是压在枕头下面才睡得踏实。"还有一次，我说，柳青与他是两代作家的领跑者，堪称双子星座。先生立即纠正说："这话不对，应当说我们当代陕西作家都是柳青、杜鹏程、王汶石那一辈作家的学生，我充其量也就是个'入室弟子'，因为我进了作协的院子，勉强算是入了'室'。"他的言谈话语中时常体现出常人容易忽略、更难以做到的清醒与自律。

先生为人原则性很强，见不得蝇营狗苟，更不喜欢拍马逢迎的官场习气。同时，他又十分重情重义，推荐新人新作既热情洋溢，又很注重实事求是，每次都认真读书准备，陕西许多中青年作家的成长，都浸润了先生的热情与心血。难怪人们在纪念他时，最为深切的重点还在于他对陕西文学新人成长的巨大贡献。

陈忠实先生不是一举成名，而是属于那种一步一个脚印艰难步入文坛又攀上高峰的实力派作家，可以说他一直"无权无势"。他开始是真正的农村业余作者，属于那种高中毕业没有考取大学而不得不回乡劳动、连一张稿纸都要自己掏钱去买的地道的农民作者。他就像自己的父老乡亲，在土地上劳作首先是为了生计和争一口气，更是为自己找到了一种生存理由。这使得他把根脉深深地扎进了农村和农民中间，一生不离不弃。

灞桥的一个老汉

"灞桥的一个老汉"，这是先生最喜欢用的一个称谓，形象、贴切、低调。

1999—2000 年，一年多的时间里，陈忠实先生为了给杨伟名写书，来过我的家乡户县十几次。每次来，先生先打个电话，告知他到户县的时间，并再三叮嘱千万不要惊动任何人。夫村子的老人家里，先生叮咛我：不要说我的名字，就说是灞桥的一个老汉。

那时的先生也就 60 岁出头，可是脸上的皱褶和斑斑白发，加上他来户县常常背的那个褪了色的黄挎包，俨然一副农村老汉的模样。"你能不能给我找个长杆杆的烟锅，这样子就更像一个灞桥来的农民了。"先生呵呵笑着。

一个冬日的上午，先生和我走进涝河西岸的北河头村，村子的一条街上有人家在办喜事。先生看着人们将臊子面从盆里高高挑出来的样子，很是羡慕。他问我："能不能尝一碗？"我为难地说，那家人我不认识。先生径直走到桌前，对正在捞面的人说："我是灞桥来的老汉，没吃过你们户县的臊子面，能不能给一碗？"那人说："灞桥来的？好远呢。喜事吗，高兴人凑热闹。你坐着，我给你捞一碗。"先生坐下，接过臊子面碗，操起筷子，把面条扯得很高，津津有味地吃了起来。正吃着，先生忽然想起了我，于是喊道："给我的这个乡党也来一碗！"吃了一碗，有人过来要给他盛第二碗，先生说："我自己来。"他就学着人家的样子把面条挑得老高盛进碗里。

上午，来贺喜的人不多，但是臊子面的锅还得支应着。帮忙的"执事"们都是些上岁数的老人，他们围在账桌前聊闲话。听说是灞桥的人，一个老人说："灞桥好地方，灞柳风雪啊。"先生还在吃着第二碗臊子面，回答道："那是过去的风景了，现在也不咋的。"另一位戴眼镜的光头老汉问："写《白鹿原》的陈忠实好像是灞桥人？你认识不？"先生说："认识认识。"老汉又问："那人咋样？"先生回答："沃（那个）人不咋向，啬皮得很，整天白吃人家的。"说着，看着我笑了。老汉说："不过人家那书写得美得很，我女子看过的。"先生吃完了第二碗，从黄挎包里掏出雪茄，让给几个老人。几个老汉说："你那烟我们抽不惯。"只有一个接过了，把他正在吸的旱烟锅递给先生，问："咂得动？"先生说"没麻达"，就接过了老汉的旱烟锅，在老人们那一桌坐下，美美地抽了几口。那老汉说："今年你们那儿庄稼咋个向？"先生说："雨水好，旺势得很。"老汉又问："老人还在没？"先生回答道："走得早了。"老汉瞧了瞧先生说："我看你不像农村的老汉，是个做大事的人呢。"先生做出一副惊讶的样子说："我能做大事？我能做什么大事？你笑话我呢。"老汉摇摇头，认真地说："你甭哄我，你不像是个平地卧的人物。"

我看着先生抽烟锅的样子很想发笑，他瞪了我一眼，问老汉们一些当地结婚的乡俗，又问他们："听说过杨伟名吗？"戴眼镜的光头老汉说："知道，咋的不知道？活着的话应该80多了，比我大3岁。那时我也在村子当文书，我们是一个公社，在一起经常开会呢。那年扫盲，他还来我们村教村子人识字呢。后来'文化大革命'来了，造反派批斗他，想不通就喝药死了。"先生叹息说："要不是'文化大革命'，杨伟名就不会死得那么早了。"旁边另一位老人说："这手挡不住风，世上的事都有定数呢。"

先生歪过头悄声问我："那老人说的'手挡不住风'是啥意思？"我说大概是说一个人的力量太小，抵御不了上天。先生说："有意思，有意思，这是哲学家的句子啊。"

10点多，办喜事的主人拿来了一沓红纸和毛笔墨汁，问："写对联的人来了没有？"戴眼镜、光头的那个老汉大概是筹办喜事的"大总管"，说还没来。先生说："我写一副看咋样？"主人有点怀疑地看着他，让先生抽他旱烟锅的老汉说："这个灞桥的老汉写字绝对没麻达。"主人便将毛笔递给了先生。他拿起毛笔蘸了墨，问："写啥内容？"戴眼镜、光头的老汉说："就是喜事么，你随便写。"先生想了想，便裁了红纸，挥笔写下一副对联：

良缘一世同地久，佳偶百年共天长。

刚写出上联，周围的人就都啧啧称赞，说字好内容也好。主人说这是婚房的对联，喜棚也得一副，上下联分别十个字。对联的内容我只记得有"涝河之畔""宾客棚座"，其他的想不起了，犹记得周围的人一片喝彩声。

写完放下毛笔，先生坐下来，要来了老汉的旱烟锅，装上旱烟叶抽起来。

午时过后，主人请来助兴的"自乐班"一帮人到了。调好了音弦，一个人唱了段《三娘教子》，问："在座的谁来一段?"我知道先生喜欢秦腔，便看了眼他。他说："你娃子想看我的洋相呢。"话是那样说，却下意识地咳了咳嗓子，有点想唱的意思，我便问他："唱什么?"他想了会儿说，《铡美案》里包拯最后的唱段，只是他记不住唱词，看有没有本子。我去问了"自乐班"的领班，把《铡美案》的剧本给了先生，鼓掌道："欢迎灞桥的老汉唱段'包拯'!"先生站起来清了清嗓子，对着本子唱了起来："王朝马汉一声报，国太护铡难下刀，龙国太值得她的龙凤爪，难道我舍不得这黑头脑，在头上卸去乌纱帽，身上再脱蟒龙袍，走进铡口将身倒……"

腔调不那么准，但却铿锵有力。

唱完，先生大吼一声："包文拯，你这个青天大老爷啊!"

一阵掌声过后，"自乐班"的人被主人领着到另一桌坐下，喝酒吃凉菜，吃臊子面。

这天，先生在北河头村待了多半天。我想起省作协会员、农民诗人章立是这个村子人，便打电话让他来。先生与他聊了一个多小时。临走，先生过来到账桌前，掏出200块钱，交给登记礼钱那个光头、戴眼镜的老汉。老汉不收，说："你又不沾亲带故的，随的啥礼?"那老汉叫来了主人，主人说："你这礼钱坚决不能收，你给我们写了对联，感谢还来不及呢。"先生说:"出门碰到喜庆事,也就沾了喜了,你不收我就可能要倒霉呢。"听他这么说,主人也就不好再坚持,光头、戴眼镜的老汉问:"写什么名字?"先生说:"你就写'灞桥老汉'吧。"主人搓着手,看看章立,又看看我,说:"这这这……"

章立说:"这是灞桥老汉的一片心意,你就收了吧。"

先生和主人、章立以及几个老汉一一握手之后,我让他上了电动车,拉他出了村子。

陈忠实的"大格局"

忠实这个人,胸怀若关中平原,是那种一览无余的阳春烟景、大块文章,而人格和性情中却有着关中汉子"生冷蹭倔"的劲儿,只是被文化化育为刚强、执着、厚道和率真,晚年更平添了几分慈爱。他对自己的见解执守到几近执拗,这我是领教过的。有一次,电视台邀他、我和建筑大师张锦秋院士做一期谈长安文化的人文节目。一开始主持人就提出,有人认为西安的城墙象征着封闭,局限了秦人的创造开放精神。话未说完,忠实立即激越反驳,认为:西安自古以来就是开放的,你们怎么总拿城墙说事?我说,作为一种比喻,这未尝不可,西安地处内陆,开放创新精神的确需要加强。两人于是唇枪舌剑,双方都动了肝火。节目完后,饭也不吃,各自扬长而去。到了晚上,又互通电话,调侃笑道:"老了,老了,还肝火这么旺。"但他依然声明观点不变,要再写文章展开来谈。还有一次,他赴京领茅盾文学奖回来,省里开了盛大的庆功会,大家争相发言,我发言时除了祝贺之词,神使鬼差地多了一句嘴:"当然,像一切优秀作品一样,《白鹿原》也不是完全没有缺陷。"让全场愕然,记者们围住问:"这'缺陷'指的什么,你能否详说?"我生怕引发新闻事件,连连说今天过喜事呢,以后说吧,落荒而走。

说者无意，听者有心，过了一个多月，忠实约我在一家小茶馆长谈。他说，知道我不会是无心说那句话的，想认真请教"老师"（他有时称评论家为"老师"）谈谈《白鹿原》的缺陷。这也太隆重了。我只好直说了个人的一点感觉：长篇的总体构思切入了民族文化主体与文化接受心理的深处，固然是大优长，但也不是不可以更多从整个人类的审美认知结构方位上，思索自己的人物与故事。黑娃与田小娥形象的文化与人性内涵是否可以更细腻丰腴，更极至？对社会政治风云的描绘是否纤缠得过于繁复？……这一晚，我们聊得很久，很真诚，真诚营养了友谊的浓度。分别时他紧紧握着我的手，摇着，要我抽空把这些想法写出来。

这一年的除夕之夜，"春晚"结束后很久，我早已入睡了，收到了他的电话，互相拜年后，又谈到一些文学与文学界的话题，而不知东方之既白。

对于有差异的声音，如此加倍地看重，是一种大格局，也是一种对自己创作的大爱。在他的心里，文学真正是"依然神圣"。

平常人"老陈"

我认识陈忠实老兄在 1979 年前后，当年我编《铜川文艺》。1982 年 10 月 10 日请老陈到铜川讲课，我们这才一下子亲近了起来。他讲的是"短篇小说创作漫谈"，在铜川市红星剧院，报名听课约 700 人，实际剧场爆满，得有超 1000 人。

这期间我还陪老陈到铜川桃园矿下煤井体验生活，见识了他平常人的一面。我们钻黑咕隆咚的巷道，爬低矮仅六七十厘米的掌子面，头顶煤层龇牙咧嘴，如黑煞厉鬼般恐怖，全靠矿灯那一点荧光照明。突然，老陈抓住我的手腕，劲很大，捏得我生疼。我抬头问老陈："咋咧?"

答："心悸得很。"我感到了他的心跳。我说："过去就全是大巷道了。"出井后老陈感慨："在这样恶劣环境下我见识了矿工的伟大！"还说："头美美地碰了几下，这才知道矿工帽的作用。"我说："人在屋檐下不得不低头，何况石头下？"老陈说："人要掂得来自己的轻重，在大自然面前，甭骚情。低头弯腰、爬倒匍匐着都是为了走过艰难。"

晚上我俩谝的时间好长，老陈兴趣来咧，不让我走。记得说到他1976年发在《人民文学》上头条的小说《无畏》，我说，这是"文革"期间我读到最令我震惊最扎实最漂亮的作品，语言情节，丰富的生活，典型人物，营造那种大场面，矛盾冲突和掀起的高潮，真正功力不凡。我甚至对老陈说："比你获'全国短篇小说奖'的《信任》好！"老陈诧异："真的?!"我说："就是！因了这篇《无畏》才一定要请你来铜川讲课的。"当然老陈说了这篇小说给他带来的尴尬处境和一时的彷徨："唉！跟风，让我跌了一跤，因此我自罚到郊区文化馆。"我说："没啥！我也写过一些像《批林批孔气势雄》《五七干校是春天》的烂诗呢！"

陈忠实老师的三次笑

1997年6月12日，陕西召开"商洛作家群作品研讨会"，商洛本土的、已经居于长安的大小作家，以及各路评论家、媒体人齐聚。地点定在商洛和西安的中间地段，半坡。我当时作为商洛电视台文艺部记者，采访那个研讨会。记得刚在半坡博物馆草屋顶的会议室门口架好摄像机，就见陈忠实老师迎面走来。我赶紧迎上去自我介绍，请他在我的采访本上写几句勉励的话，他欣然写：独秀商山。写完把本子往我手中一推，仰天大笑，阳光下，他的白牙齿令我印象深刻。

我一个有钱的朋友去陈老师那里，回来十分不解。他想不通陈老师

陈忠实唱老腔

那样大的作家为啥住在那么旧的、小的、暗的房子里，沙发太平常，写字的桌椅早该换掉了。这也是我们很多人的感慨。有次陈老师签书，那支笔坏了，墨水染了指头，他取来毛巾擦手，我见毛巾破旧粗硬，下次见他时特意买了两条毛巾送他，看他替换了旧的，心里才有些宽慰。我的这个有钱朋友问："你看我若是送大房子给陈老师，他会不会接受？"我说："有次见陈老师，房子里的书都捆起来，说是即将搬到前面的大房子里去。他还说，其实不想搬，这个房子住习惯了。后来再见他，还是住在小房子里，可见真的是住习惯了。你要不信，等有机会你自己问去。"真见了陈老师，问了，他回答说："若是母鸡肚子里有了蛋，这母鸡在草窝里也能下，这鸡肚子要是没蛋，你就是把鸡放到皇帝的龙床上，也下不出来。"说完，他自己先爆出那极富特点的"哈哈哈"的笑声。再看见陈老师是去年年底，他出席西安工业大学陈忠实文学研究院成立十周年庆祝活动，那是他在 2015 年第一次出席公开活动，也是他最后一次在公开场合说话。他在掌声中站起来，讲话。他瘦，是我从未见过的瘦，声音沙哑，像铁在砂子上摩擦，吃力的，力不从心的。他认真地感谢着每一方，他寄望未来，他说研究院的未来会更好。他似乎想要调侃，想要使周围的气氛轻松，他说，也许以前他话说得太多了，上天要封他的喉，现在不能讲太多的话。他站起来鞠躬，深深鞠躬，满脸歉意，仓促坐下。他的嘴角牵动，想要做出一个笑的表情，但笑的波纹不曾荡开就消失了。叫人忧心，叫人伤感。

老马识途

——我所知道的大作家马识途

———

万伯翱

2011 年 11 月，在北京饭店举行中国作家协会第八次全国代表大会时，我碰见了被众多作家簇拥着的身体硬朗的 97 岁四川老作家马识途，他是这次参会作家中最年长的。我跑过去向他致礼，因怕他听不清楚，我还俯身上去大声介绍了一句，他即面露喜色，用浓重的川音答道："是啊！认得认得！许久没得见了，我们是老朋友了呀……"

识途老是新中国成立后很特殊的一位大作家，生于四川穷僻之乡，少年时即负笈出山，寻求革命真理。游学京津沪后，他考入"中央大学"，期以报国。他参加了"一二·九"学生运动，走上了职业革命家的道路。后历任鄂西特委书记、川特委书记，是位"三八式"老共产党员。而且，他学历甚高，1945 年毕业于西南联大中文系，专攻文学，师从大师朱自清、沈从文、闻一多，是位科班出身的党的老干部和作家。

新中国成立后，为恢复大西南的建设，他被任命为四川省建设厅厅长，也任过四川省委宣传部部长、省文联主席、省作协主席等要职。实践证明，他不管干哪行都行，工作期间也从未停止过文学创作活动。他

马识途

擅长小说、纪实文学、散文、杂文、诗词等一系列文学创作形式，是巴蜀政坛、文坛的一位奇人奇才。有媒体称，马老是"巴蜀继郭沫若、巴金、何其芳之后最具影响的当代作家"。

2010 年，由姜文、葛优、周润发等合作的影片《让子弹飞》创下了 6 亿人民币的票房，而这部剧就是改编自识途老《夜谭十记》中的《盗官记》，真可谓"百年铁枝绽新梅，寒花幽香传海外"。更使蜀人自豪的是，姜文导演还专门制作了"川语版"《让子弹飞》，蜀人蜀地蜀语更添佳话，当然又创下巴蜀票房新高了。

2012 年阳春三月，渝地新柳如烟，迎春花含苞待放，油菜已呈现金黄一片、开始进入盛花期了。我应邀参加了长篇小说《雷锋》的首发式（黄亚洲著，笔者作序）。趁未开会前，我下飞机直奔成都市指挥街马府拜访。走进识途老的家，这是 20 世纪 80 年代落实政策时分给他的一套房子，当时应该尚属不错，可如今已显得暗淡少光了。房子没有客厅，

马识途写诗赠作者

房间小而又到处堆满了书，所以略显拥挤。客厅墙上挂了很多大家的手迹，这是大作家雅聚后留下的纪实作品，上面都有他们的亲笔签名，如张秀熟、巴金、艾芜、沙丁等。识途老这时已极少见客，只因他和万家还有点特殊渊源，才乐意让我雅聚家中叙叙家常。

20世纪50年代中期，识途老任四川省建设厅厅长时，家父万里正任共和国首任城建部长，那时他到北京我们万家小四合院拜访过。时间虽已过去半个多世纪，马老却还"识途"，还记得我们家的地址是"北京市东城区演乐胡同39号"。我说，你真是父亲的老战友、老朋友啊！他却十分谦虚地忙纠正说："不！不！万里同志是我的老上级、老领导！"实际上，家父十分敬重这位作家兼厅长的双料老友，我和弟弟也都还记得当年他给父亲送来或寄来的签赠作品。父亲结束了一天的紧张工作后，经常在床头"秉烛"欣赏他优美的文学作品。这次，他又将新出的几卷文集和最新的散文作品赠给我和父亲，并亲笔签名，还拿出他的书法作品相赠。他的隶书很有自己的风格，他告诉我，不到 10 岁他的父母就令他苦练狼毫丹青，如今与笔墨已结下了近百年的不解之缘。他终成书法行家里手，已多次举办个人书法展和出版书法集，而所得润格全部资助贫困学生。2004 年，我在成都签售新书《四十春秋》时，得他工架稳重、苍劲有力的李大钊（守常）先烈名句相赠："妙笔著文章，铁肩担道义。"这次他又不让我空手回去，从书房中取出四尺素宣相赠："子规夜半还啼血，不信东风唤不回。"署名"98 翁马识途"。回到北京，我托人到荣宝斋将字装裱好，悬挂高堂，时常拜读。

现在他每天仍坚持写书习字、散步，还应我的建议上阳台蹬健身车。他说他每天至少可以蹬 100 圈，一般 200 多圈，多则 300 多圈。真是一棵遒劲奇特的不老松，风雪后更见其高风亮节！真是革命人永远是年轻！

学人本色　文化传灯

——任继愈先生印象

———

左　文

2009 年 1 月 15 日，92 岁 高 龄的中国国家图书馆名誉馆长任继愈等六位先生，由国务院总理温家宝签署证书聘为中央文史研究馆馆员。得知这一消息，任老十分高兴，并郑重表示：一定要为弘扬中华文化尽自己最大的力量。孰料，不到半年即当年 7 月 11 日，任老竟悄然离世。当天上午，温家宝总理即委托工作人员向有关负责人，转达他对任老辞世的深切哀悼，并向任老亲属表示慰问。

与温总理的"文化交情"

任老与温总理的交情由来已久，这种交情建立在对中华文化命运的共同关注上。温总理与任老年龄相差 25 岁，是名副其实的忘年交。多年来，温总理对任老始终深怀敬意，任老也将温总理视为知己，多次赠书、致信，就重点文化工程建设、教育改革等建言献策，温总理总是认真阅读，及时复信。

　　早在 1987 年，任老担任中国国家图书馆馆长时便积极倡议，以馆藏《赵城金藏》为基础编辑《中华大藏经》。获批准立项后，任老组织人员经过 16 年辛勤努力，编纂完成了 107 卷 1.2 亿字的《中华大藏经（汉文部分）·正编》。之后，任老又组织力量编纂《中华大藏经（汉文部分）·续编》，预计 5 年内完成 2.6 亿字的点校编纂任务。由于这一工程规模庞大，所费甚多，进展比较缓慢，直到 2007 年任老致信温总理请求帮助，并得到明确要求财政部予以支持的批示后，才使此项工程得以顺利推进。

　　同样是在 20 世纪 80 年代末，由任老担任主编，数百名中国学者发起编纂全面展示浩瀚中华文化、总规模超过 7 亿字的类书《中华大典》工程。2004 年 3 月 18 日，任老和几位专家联名致信温总理，说明编纂《中华大典》重要意义的同时，也将遇到的困难告诉了总理。温总理很快就复信，感谢编纂人员的辛勤劳动。在总理的重视和推动下，中央财政拨专款 2 亿元，使原本因经费短缺而停滞的这一工程再次启动，并将原计划编纂的 21 个典扩大到了 24 个典。

　　到了 2004 年 8 月，倾注任老大量心血的另一文化工程——《大中华文库》（第一批图书 24 种 52 册）出版了。该文库是中国历史上首次系统全面向世界推出的中国古籍整理和翻译的巨大文化工程，选收历代以来百余部经典著作，先由占汉语译成白话文，再由白话文译成英文。文库出版后，任老代表文库工作委员会将书送给温总理，请他"在百忙之中审阅，并请提出指导性意见，以便于我们今后更好地开展此项工作"。随即，温总理回信表示祝贺："谨对您及从事这项浩繁工程的各出版单位和全体工作人员表示衷心的感谢和热烈的祝贺。这部巨著的出版是弘扬中华民族优秀文化的有益实践和具体体现，对传播中国文化，促进世界文化交流与合作具有重大而深远的意义。这部文库翻译和出版质量之高，反映了我国的出版水平。"接着，温总理还提出了新期望："我国有着悠久而灿烂的历史文化，希望你们以伟大的爱国热忱、宽广的世界眼光和严谨的科学态度，锲而不舍地把这项光辉的事业进行到底。我坚信你们一定能够做到，也期待看到你们新的成果。"2009 年，温总理在参访西班牙塞万提斯学院时，将《大中华文库》作为国礼馈赠校方，可见该文库在总理心中分量，当然也体现了温总理对任老等人辛勤劳动的高度肯定。

由此可知，任老主持的多项文化工程之所以得以实现，几乎都得益于他与温家宝总理的这种"文化交情"。而正是因为有此"交情"，当有关部门于 2007 年 9 月 17 日受温总理委托，前往看望任老并送上花篮致以亲切问候时，任老则觉得"盛情关怀，无以回报"，遂就教育问题向温总理建言献策。任老认为，"我国教育面临危机"，导致他"常为此长夜不眠"。温总理在复信中表示："您对我国教育事业十分关心，所提意见中肯，给人以启示。十七大报告已有教育方面的内容，会后国务院还将就教育问题进行专门讨论，当认真吸收您的意见。"时隔一年多，中国开始制订《国家中长期教育改革和发展规划纲要》，并通过各种方式征求社会各界意见 210 多万条，其中就吸收和采纳了任老所提有关意见。

2009 年 5 月中旬，温总理得知任老生病住院的消息，便委托国务院参事室主任陈进玉同志和中央文史研究馆馆长袁行霈先生专程前往北京医院探望。7 月 11 日，获悉任老去世后，温总理心情十分沉重，于当天下午 5 时左右亲自打电话给国务院参事室负责人，并指出，参事室、文史馆还有一批年事已高、德高望重的老先生，一定要把他们照顾好。由此时光可以回转到 2008 年，当温总理得知任老虽年过九旬仍关心中央文史馆工作时，就明确表示要聘请任老为文史馆馆员。温总理说，文化的发展和繁荣，关键在人才，在一批领军人物。文史馆有敬老崇文的传统，像任继愈老先生这样在国内外有重要影响的文化界代表人物，年龄大一点不要紧，吸收他们作馆员，有利于充分发挥他们在推进国家文化建设中的独特作用。

一位是矢志不移以振兴中华文化为己任的大学者，一位是视文化传统为国家灵魂的共和国总理，他们就这样以文化为媒演绎了一段墨香四溢的忘年佳话。

关于"儒教是教"和"恢复科举"的争议

一般而言，学界公认任老对于中国哲学最大的贡献是：他提出儒、释、道是中国传统文化三大支柱，它们深刻而广泛地影响着中国社会各阶层。任老力图把中国佛教思想纳入中国哲学发展的主流，并认为道教对中华民族的重要性绝不亚于佛教。在他的思想意识中，始终认为思想文化的研究也要从国情出发，而"多民族统一大国"则永远是中国的国情。当然，任老坚信人类走到某一天，有可能会进入"大同社会"。国家组织消亡，而宗教与哲学依然存在。宗教的基础是信仰，哲学的基础是怀疑。宗教不如哲学那么彻底，宗教的寿命比国家长，哲学的寿命比宗教长。

如果说上述观点是得到学界一致认可的确切之论的话，那么任老提出的"儒教是宗教"的理论，则是一桩引起争论长达数十年且至今仍未解决的悬案。1979年，在南京召开的中国无神论学会成立大会，及在太原召开的"文革"后中国哲学史学会第一次大型学术讨论会上，任老提出"儒教是宗教"的命题，并接连发表了《论儒教的形成》《儒家与儒教》《儒教的再评价》《朱熹与宗教》等一系列论文，阐述儒教的本质及其特征。数十年过去了，学术界对此时有争辩。总体看来，反对者众多而赞同者寥寥。反对者的理由是，儒教不具有一般宗教的特征。如儒者一般不信鬼神，儒教无宗教组织和宗教仪式，儒教无彼岸世界，等等。而任老则始终坚持"儒教是教"的观点，他认为中国儒教最显著的特点就是：高度的政教合一，政教一体。在宋以后，皇帝为巩固自身皇权，加强中央集权统治，开始加大儒教的教化力度。他断言，任何一个国家不可能没有自己的宗教信仰，特别是在中国，如果没有宗教信仰的话，是不可能维系一个有着五千年文明史的国家和民族的。儒教作为完整形态的宗教，应当从北宋算起，并由朱熹把它完善化了。

笔者并不认为任老的观点是绝对正确的——任老本人也从未说过类似的话。他只是用各种理论、论据在孜孜不倦地论证和捍卫着自己的观点。任老这一观点的最大价值，也许就在于他为人们理解中国文化提供了另一种新的、可能的途径。因为任老的这一判断，改变了对中国传统文化性质的看法，从而成为人们认识中国传统文化本来面貌的基础性理论。

任老晚年另一个引起巨大争议的观点是，他认为中国教育的出路在于恢复科举制度。自从科举制度被废止以来，几乎一直都是腐朽的代名词。但是，目睹当前中国教育的严重问题，再一次激发了任老的批判精神，"中国教育的出路在于恢复科举制"，就是一种看似偏激实则深刻的观点。实际上，任老所谓的"恢复科举"，并不是复古主义和封建主义——"我说的是制度，不是内容"。他所谓的"科"，应该是"科学"的意思，科举的"举"，应该是"举荐人才"的意思。任老的"科举"改革，实则是倡导建立一种全新的"科学举荐人才体系"。事实上，科举制度的优点是显而易见的：首先，其基础是学生自学，而不是填鸭式的灌输教育；其次，其保障是公平严格，历朝历代对科举舞弊的处罚都异常严厉，绝不是打打招呼、批批条子就能当上进士的；最后，其考察形式是发散式的，以求才为本，考题没有标准答案。1870 年英国建立的文官制度，就是从中国科举考试中直接借鉴而去。任老认为，从明朝开始，朱元璋开始用八股文考试，内容比较陈腐，但陈腐的并不是科举这个制度。这个制度是很先进的。反观当前教育种种问题，任老的话确实发人深省。

坚守是学人本色的最突出表现

作为一代杰出学人的代表，任老最突出的本色就是"坚守"二字。

其一，坚守学术阵地。1934 年，任老考上北京大学哲学系，研究西方哲学，一切似乎顺理成章，因为他从小就富有哲学思辨，即便是将砖头翻过来也得问一问上面的蚂蚁是否头晕！唯一让他感到不安的是，读哲学很难找到一份合适的职业。也许是对哲学的热爱冲淡了对安身立命的担忧，此后他一辈子都没有离开过哲学。他说："当时进哲学系一共有十几个人，最后只剩下三人，我便是其中之一。"2005 年，经任老再三要求，他从担任了 18 年的中国国家图书馆馆长任上退下来，那一年他 89 岁。但退下来只是为了减轻行政工作，学术工作则一刻也未放松，尽管 20 多年前他的右眼就已失明，左眼视力也只有 0.6 左右，但他依然坚持每天早晨 4 点即起，一直到 8 点，为《中华大藏经》和《中华大典》两部鸿篇巨制的总编纂而不知疲倦地工作着。

其二，坚守学术立场。学术，乃社会之公器。以学术为生命，需要时刻保持一份敬畏之心。但在任老这里，这份敬畏之心，体现更多的是严谨的学术态度和一个学者的独立精神。冯友兰先生是当之无愧的中国哲学史大家，作为冯先生的学生兼侄女婿，任老对其尊重与敬仰自不待言，然一旦涉及学术观点，任老却能与冯先生进行面对面的激烈争论。

另一位哲学大家熊十力先生也是任老仰慕的恩师，但是任老接受马克思主义观点后，曾致信熊先生，开门见山地表示自己不再相信他的佛学研究方向，只"相信马列主义是真理，'所信虽有不同，师生之谊长在'"。对此，个性十足的熊先生大加赞赏，曰其"诚信不欺，有古人风"。更有甚者，1959年毛主席接见任老时曾表示，不赞同其将老子思想视为唯物主义的观点，但任老仍坚持己见地将这一观点写入他主编的《中国哲学史》（1963年版）教材。虽然后来几经修改，但每次修改都是他认真思考的结果，而非屈服于某种外部权威。

其三，坚守学术道德。当前，学术界有一股很不好的风气，那就是有的导师堂而皇之地在学生研究成果上挂名，且挂第一署名人，这其实是一种变相的学术腐败。任老则不然，他晚年时不时流露出要撰写一部属于自己的《中国哲学史》愿望，但又实在无暇顾及，于是有人提出，能否请任老口述框架、大意，交由学生或助手先开始草稿的写作。对此建议，任老当即就一口回绝，因为这种做法显然违背了他"以己手写己心，有一分材料说一分话"的治学原则。任老常说："我写的，完全是我想通了的，没有说别人的话，我反对跟着凑热闹。"终其一生，任老主持的古籍整理项目众多，但从未做过"挂名"主编。这是任老引以为傲的道德坚守，更是后辈学人应该追慕和传承的大家风范。

"儒者之风道家之骨，从来学人本色；中华大典佛教大藏，毕生文化传灯。"诚哉斯言！

站在"瓜饭楼"前远眺

——红学家冯其庸的精神世界

———————

俞乃蕴

近一两年来，有关中国人民大学国学院首任院长、著名红学家冯其庸教授的报道经常见诸报端，如《人民日报》2010 年 10 月 18 日版："冯其庸：诲人一甲子，半生寄国学"；《光明日报》2012 年 1 月 9 日版："冯其庸《瓜饭楼丛稿》出版"，"35 卷 1700 万字，聚集大师一生学术精华"；《人民日报》2012 年 2 月 23 日版："冯其庸：寻源问道终不悔"；《光明日报》2012 年 4 月 2 日版，摘编了冯老所作的《瓜饭楼丛稿·总序》，编者加题《生平可许是知音》。另据中国人民大学校刊披露，为庆祝中国人民大学国学院成立 5 周年，人大举行了"国学前沿问题研究暨冯其庸先生从教 60 周年国际学术研讨会"。时任中共中央政治局常委、中央书记处书记、国家副主席的习近平特致函冯老，高度评价了他从教 60 年来在多个学术领域取得的重要成就，尤其是在红学研究方面的突出成就。信中说："冯其庸先生以 89 岁的高龄，仍带领中国人民大学国学院为国学新时期的发展，为促进中国传统文化的研究发挥着重要作用，其治学报国的精神令人钦佩。"

看着上述这些文字，我与冯老交往的一幕幕浮现眼前，对冯老治学严谨、求实的精神也有了更深刻的领会。

一本讲义 一片深情

冯老是我在中国人民大学新闻系读书时的老师，当时教我们中国古典文学。在他的《瓜饭楼丛稿》出版前夕，他曾打电话给我，说他正在着手整理出版文集，想以过去给我们上课的讲义为基础，整理出版《中国文学史稿》，他的原稿在"文革"中被毁了，问我可有当年的讲义。我回答说，讲义还有，可能不太全了，这50多年，我从北京到合肥，又从合肥下放到灵璧、宿县农村劳动，最后又重返合肥，前后搬了八九次家，有所丢失，我把讲义整理好了马上就给您寄出。冯老连连说好，并让我电告湖北省委宣传部的周维敷同志，请他也找一找，把讲义寄去。随后，我们把讲义寄给了冯老。不久，冯老来电话欣喜地告诉我："你们两个寄来的讲义，一张也不缺。过去的讲义是钢板刻的，油印的也不太清楚，这两份一对照，我看起来就方便多了！"

为了表示对我们的感谢，冯老在《中国文学史稿·自序》中还写了这么一段：

今年上半年，我忽然想到以前听课的同学是否还有这部稿子，他们都是司局级干部。于是我打了一个电话给安徽省政协的原副秘书长俞乃蕴同志。一问到这部稿子，他说：我把老师的讲稿都像宝贝一样保存着呢，我几次搬家，是否有缺失，要看了再说。我又托他打了一个电话给湖北省委宣传部的周维敷同志，结果周维敷很快来电话说，他把这部稿子合装成两大册，一页也没丢，像文物一样保护着呢！他说立即就寄来。结果没有几天，两部稿子都寄来了。俞乃蕴同志的也是一页也没有丢，我真是喜出望外，真是感激他们！（《冯其庸文集·中国文学史稿》上册）

艰辛治学之路

就在龙年新春之际，我收到冯老从北京寄来的刚刚出版的《瓜饭楼丛稿》文集，共有三大纸箱，约40公斤重，林林总总，书香四溢，满室生辉，我十分高兴。

通过翻阅《瓜饭楼丛稿总目》和《冯其庸学术简谱》，冯老几十年来的治学艰辛之路在我脑海中慢慢成形。

冯老的治学领域相当宽广，诸如中国古典文学史、文化史、西域学、戏曲史、艺术史，他都造诣颇深。特别值得称道的是，他倾注了毕生精力致力于《红楼梦》的研究。他敲开了每一扇学术大门之后，从未浅尝辄止，而是以鲜明的时代特色，深邃的哲学思考，深入的学术研究，创造出一项又一项科研领域的丰硕成果。正如国务委员、国务院秘书长马凯所指出："文史哲地，诗书画曲，领域之广泛，内容之浩瀚，研究之深入，给人以心灵的震撼。"

冯老在学术道路上艰辛跋涉的精神的确令人景仰，现在就算几十年过去了，当时他挑灯夜读的情景我依然印象深刻。那时我们同住在北京铁狮子胡同1号，彼此的宿舍相距不远，有时我看晚场电影归来，远远望去，冯老的书房还是灯火通明，这真是"衣带渐宽终不悔，为伊消得人憔悴"。这回，我立在"瓜饭楼"前远眺，看得更加真切了，不仅看到窗前的灯火璀璨，也看到了一个艰辛跋涉者的点点足迹：

1978年2月13日夜1时半，写毕《〈大金喇嘛法师宝记碑〉题名考》初稿，18日作了修改。

1988 年 4 月 25 日夜 1 时，写毕《〈浮生六记〉德译本序》。

1988 年 7 月 18 日夜 3 时，酷暑中写毕《振衣千仞岗 濯足万里流——〈傅抱石先生画册〉序》。

1999 年，冯老已 76 岁高龄，3 月 12 日重校完《红楼梦》第 19 回，夜不寐，于枕上填《霜天晓角》："青山似碧，银瀑飞冰屑。独倚危楼凝望，栏杆外，风正急。肝胆皆冰雪，飘零知己绝。醉拍腰间长剑，几声咽，几声裂。"词后附语："予数经当涂采石矶，寻太白捉月处，觅谢家青山，渺不可得。噫！太白去矣，少陵云杳，东坡、稼轩、放翁、于湖、白石皆不可见，问天上明月，尚留其影否？明月无言，予为之掷笔三叹！己卯春夜，三时不寐，时距脂砚斋评石头记已二百四十年矣。夜四时题。"

倾毕生精力于红学研究

冯老以研究《红楼梦》著称于世，并取得了丰硕的成果。他的红学研究，首先是从考察曹雪芹家世入手，然后作了早期主要抄本己卯、庚辰、甲戌等本的研究，再进入《红楼梦》思想、人物、艺术等诸多方面的考证，逐步扩展开来。

十年浩劫中，冯老收藏的影印抄本的庚辰本《石头记》和其他不少藏书都被抄家抄走了，造反派还把《红楼梦》作为黄色书籍在校内展出。据冯老称，那时没有复印机，也无法拍照，他生怕此风一起，《红楼梦》就要被毁，因此，决心偷偷重抄庚辰本《石头记》，并且依照原书的款式，连原书上的错、简、漏、空都照原样抄写，脂批则用朱笔，并尽量依据原笔迹字体摹写。自 1967 年 12 月 3 日起，他每天在夜深人静后开始抄写，每天抄到后半夜，到 1968 年 6 月 12 日，终于抄完，陆续抄了半年之久。那时他白天必须到系里接受批判或劳动，只有晚上在大家入睡以后方能动笔，如被造反派发现，又会罪上加罪。所以当时没有人知道他在抄《红楼梦》，否则肯定抄不成了。

我看到过《瓜饭楼抄庚辰本石头记》的照片，线装二函，十分精致。他用的笔墨十分讲究，用的是曹素功"千秋光"的旧墨，吴兴善琏湖纯紫毫笔，从行款到字行，完全保持庚辰本原样。1998年春夏之交，冯老在北京中国美术馆举行书画展，那本手抄庚辰本《石头记》也作为书法艺术作品之一陈列在美术馆里，引起了书画界、学术界人士的极大兴趣。我也真是无缘啊，当时我与老妻赴北京探亲，住在百万庄，经常路过美术馆，就是没有留意到大海报，与画展失之交臂，等我返回合肥后，才看到冯老寄来的有关请柬，这叫我追悔莫及！冯老说得十分真切："我确实太崇敬曹雪芹，太热爱他的《红楼梦》了！特别是在'文革'中的遭遇，帮助了我对曹雪芹的理解和同情。"

1975年12月，中国历史博物馆发现了乾隆时期的《红楼梦》抄本，这个本子仅残存三个整回和两个半回。著名学者吴恩裕认为，这可能是北京图书馆所藏的"己卯本"的散佚，但又无法确证，因此就到瓜饭楼找冯老商量。为此，冯老与吴恩裕同往北京图书馆善本室核查"己卯本"。在查阅中冯老发现，北图藏"己卯本""晓"字有缺笔，"祥"字也有缺笔，这是为了避老怡亲王允祥的"祥"字和其子弘晓的"晓"字之讳。由此他认定，"己卯本"为怡亲王府的原抄本。冯老还找到了北图藏《怡亲王府藏书书目》原件，上面也同样避"祥"字和"晓"字之讳，这就确认了"己卯本"确实是怡亲王府抄本。而这部《怡府书目》上，还有鲜红的"怡亲王宝""讷斋珍藏"等印章，更是不可撼动的确证，这确证轰动了国内外红学界。

关于曹雪芹的身世，也是冯老红学研究的主要着力点之一。为考察曹雪芹的家世，他五赴辽阳，察看曹氏家族墓碑，查阅当地的地方志、家谱史料，又多次到距京 200 多里外的张坊镇沈家庵村实地考察。每有一重要线索，他肯定要第一时间赶过去。

1978 年 2 月，北京一居民家中发现了两只精致的书箱，上面有曹雪芹的文字，冯老与王世襄、吴恩裕等遂亲往实地考察。后经发现，那箱子上面刻的兰花、题字以及墨书的悼亡诗，均属乾隆时期的风格。后来冯老考证，此书箱确为曹雪芹的遗物。后来他写成了《二百年来一次重大发现——关于曹雪芹的书箱及其他》。冯老还先后发表了《曹雪芹家世新考》《五庆堂重修辽东曹氏宗谱考析》《关于曹雪芹的几个问题》等，把对曹雪芹家世的研究向前推进了一步。他除了研阅《清史稿》《清史列传》《清太宗实录》《江宁府志·曹玺传》等大量史籍，还实地考察了河北涞水县的五庆堂曹氏祖墓，大大丰富了对曹雪芹家世的了解，也为否定曹雪芹祖籍为丰润之妄说提供了坚实的基础。

西域学研究的领军人物

大家都知道冯老是红学研究领域的专家，殊不知他还是我国西域学研究的领军人物。

为了获得最新的研究成果，他不顾耄耋之年，先后十次远赴新疆，主要是为了调查玄奘取经之路和自印度回国的路线，解决这一悬而未决的问题。为了寻根究底，他三上帕米尔高原，两次穿越塔克拉玛干大沙漠，一次深入塔里木盆地深处，直到塔里木河。他积数年之时光，先后累计绕塔里木盆地整整走了一圈。他还在莎车附近找到了当年成吉思汗屠城的遗址，此地一片荒凉，随处可见骷髅，至今无人居住。

2005 年 8 月 15 日，他与中央电视台摄制组记者、喀什市政府同志一道，再次登上了海拔 4700 米的明铁盖达坂，立下了"玄奘取经东归古道"的巨型石碑，并举行了揭幕仪式。后来，冯老写了《明铁盖山口玄奘东归入境处立碑，诗以纪实》的诗："万古昆仑鸟不还，孤僧策杖拨云烟。一千三百年前事，凭仗丰碑证前缘。"这一研究成果被列为当年全国十大考古新成就之一。经过不懈努力，冯老最终确认了玄奘东归的最后路线：经尼雅（唐时叫尼壤）、罗布泊（唐代叫纳博坡）、楼兰，然后由营盘古道进入玉门关到达敦煌（时称沙州）。玄奘是从帕米尔的明铁盖山口入境的，这是一片无人区，虽经1300多年，地貌、地名基本未变，与《大唐西域记》的记载对证，终于确证了玄奘东归到长安的最后路段，破解了一个重要的历史悬案。

其实，这样的例子还有很多。把研究史籍和实地考察结合起来，一直是冯其庸治学的重要特点。为了考证项羽的死地是安徽定远县的东城而非和县乌江，他两次从垓下一直调查到阴陵、东城、乌江，然后确证项羽死于东城，也证实了司马迁所说项羽"身死于东城"的结论是可信的。为了更好地进入王维"诗中有画，画中有诗"的境界，他到辋川叩问王维当年的遗迹。他十分敬仰诗人杜甫，专程去了河南巩县的杜甫出生地查看，看到了笔架山杜甫故居的窑洞。他循着杜甫的行踪，从长安（今西安）一直寻到成都的杜甫草堂，后来又两次到夔州瞿塘峡，调查了杜甫在夔州的多处遗址。他还多次到秦川（今天水）调查杜甫的遗迹，找到了当年赞上人寺庙的遗址。《同谷七歌》是杜甫集中高歌哀唱的杰作，为此他专程到同谷（今甘肃成县）找到了杜甫的住处。前几年，他还到陕北的鄜州找到了杜甫住过的羌村遗址，并研读了《杜工部诗集》的多种刻本，读其文，寻其迹。这样，他对古代圣贤的认识、理解，又升华到了一个新的境界。

重学问更重人品

冯其庸不仅重视学问文章，更重视人品，具有高尚的人格和宽广的襟怀。

1983年秋，冯其庸应赖少其（著名书画家，时任安徽省政协副主席）的邀请，来合肥讲学。我们重逢了，这是我从中国人民大学新闻系毕业后首次相见。聊天时，冯老谈到1980年9月赴美参加的一次国际红学讨论会。在会上，冯老发现一位海外学者引述的资料有误，当天晚上，他便携带着有关卡片资料去看望这位老学者。交谈中，他首先讲到自己作为国内学者主动交流不够，又受到"文革"的影响，有些学术情况不大为海外学者知晓的现状。接着，他又根据所占有的资料，指出对方在会上的学术发言存在一些明显的差错。那位老学者相当感谢，从此两人结为好友。我听了这个故事，笑着对冯老说："您以最大的公约数，团结一切可以团结的各界人士，可以当'统战部长'了。"

冯老涉猎的领域之宽广，也实为我们惊叹。他不仅在学术研究领域登峰造极，在书法、绘画、摄影、考古、金石、园林艺术、京剧艺术、紫砂工艺等方面，也都有很深的造诣，尤其是国画方面。这让我想起了一段往事。

20世纪90年代初，我趁赴京参加全国政协会议的机会，去"铁1号"拜访了冯老。冯老问我："刘海粟先生可来了？"我说："来了，我在电视上看到他了，住在哪里不知道，我回去打听一下就告诉你。"冯老说："我写封信给海老，你先联系一下。"这时，冯老就开始写信了，我就顺便浏览书房里那琳琅满目的图书。"八行书"写好了，我也没看，就朝上衣口袋里一放。回到宾馆一看，真的傻眼了，信的大意是：海粟大师钧鉴，欣闻命驾京华，今特请乃蕴兄专程拜谒，云云。我诚惶诚恐，深感不安。

第二天，我在京西宾馆拜谒了海粟大师。那是一个套间，外边已坐了几个人等候海老的会见，老夫人夏伊乔陪他们聊天。我一进去就呈上冯老的"八行书",老夫人引我进了里间。那时的刘海粟已逾九旬,但耳聪目明,气色很好,正在伏案看什么材料。他一边看信,一边问我:"冯先生和您是——"我说:"冯老是我的老师,他教我中国古典文学,从先秦到明清,前后四个年头,我们师生很熟悉。""啊,您是人大中文系的?"刘海老问我。我说:"在 50 年代,人民大学还没有中文系,我是新闻系的,冯先生是新闻系中国古典文学的老师。""啊,那您是冯先生的高足了。""不敢当,冯是名师,我非高徒。"刘海粟听罢笑了。

刘海粟盛赞冯其庸道:"冯先生是大学问家、书法家、诗人、画家、红学家,文章好、字好、画好,人品更好。"他说:"本来,我约他合作一幅画的,看来这次不行了。明天我就要回南京了,飞机票也买好了。请你跟冯先生说,很抱歉,下次再找机会合作吧。"1993 年 11 月 4 日,刘海粟、冯其庸在香港刘寓"海棠阁"合作了一幅泼墨古松,此系后话了。

从京西宾馆回来的路上,我在想,海老赞扬冯老是文章好、字好、画好,人品更好,真是知人论事,恺切精到!而我们从他的作品中,也可以感受到这种力量吧。

他轻轻地来了，又轻轻地走了

——告诉你一个真实的汪国真

张宝瑞

　　我们骑着骆驼走下了一个山坡，晚霞逐渐褪去了，远山朦朦胧胧，变幻成黛青色。汪国真仿佛从遥远的记忆中回到现实，他说："生活中有丑恶、狭隘、沮丧，有让人沉沦的东西，也有积极乐观的东西。我的诗歌就是为了展现美好人性，阐述心灵。我的诗离政治远了一点，但是离生活很近。"

一个诗歌王朝的背影

　　去年（2014 年）12 月中旬，我曾打过电话给汪国真。我们一起在 20 世纪 90 年代初期办的金蔷薇文化沙龙要在北京鼓楼一个会所举办联谊会，我让他参加。他已于去年年初回家乡福建厦门鼓浪屿，在一个工作室隐居创作和生活。他在电话里说："宝瑞，我真想沙龙里的朋友，真想参加，可惜去不了，在这期间要在海南参加一个海峡两岸诗歌研讨

汪国真

会。"接着他又兴致勃勃地说："我现在在广东卫视主持《中国大画家》专题，已经主持了 13 期，台领导反映不错。有的城市电视台也想让我做主持人。另外，我在上海也成立了工作室，山东也成立了汪国真诗歌研究发展中心。"我能想象得到他眉飞色舞的神情和兴高采烈的样子，我真为这个结交 20 多年的挚友高兴。这时，我不知从哪里来的灵感，忽然冒出来一句话："最近你身体怎么样？"电话那端，他一时语塞，沉默不语了。

沉默，蕴含着否定，也潜伏着危机。

我和国真曾经通过电话上百次，从未问及他的身体，这一次不知是哪根神经动了，才会这么问。

两个月后，我从一个沙龙朋友那里得知，汪国真身患肝癌，已经深度昏迷、脱水，正躺在北京 302 医院重症监护室里。

我们大吃一惊，呆若木鸡。

那个朋友告诉我，在春节之前她就获悉这一信息，她还以为有人嫉妒汪国真，信口雌黄。

我们决定去探望他，可是得到的答复是：家属和医院有保密协议，不许把国真的情况透露外界，也不接受其他人探望。

我们心急如焚。

其实，汪国真的病情，16 年前便已经初现端倪。

1999 年圣诞前夜，金蔷薇文化沙龙在北京安华桥附近的华北大酒店举办圣诞晚会，晚会进行半小时后，国真和他的妹妹汪玉华出现了。国真显得疲惫不堪，穿着一件军大衣。

他是来和大家告别的，他太思念沙龙的才子佳人、兄弟姐妹了。

当时我们只知道他是从北京某传染病医院过来的，身患疾病，但不知道医院的诊断是什么。

国真和妹妹是中途退场的，我和当时沙龙的副秘书长黄小琴将他们兄妹送到门口，他充满依恋地回头一瞥……

这一瞥，深情依依，令人难忘！

一个月后，国真出院后告诉我，医院诊断为血管瘤，不排除肝癌。他微微一笑，说："死亡和我擦肩而过。"

今年 3 月初，新华出版社编辑刘志宏曾经到 302 医院探望过他。我曾担任过十年的新华出版社副总编辑，几个月前我提议让出版社再出一部汪国真诗集。书稿出来，需要汪国真审阅，于是责任编辑刘志宏来到 302 医院。汪国真知道自己身患绝症，这部书是自己的遗作，于是特别重视，一是要求在书前附一个介绍，全面介绍自己在诗歌、书画和音乐领域的创作情况；二是对书的内容逐字推敲。汪国真深知刘志宏曾是我的部属，又是沙龙成员，生怕他把自己的病情告诉我或其他人，于是特地将刘志宏送到医院门口，再三嘱咐，不要告诉任何人。他知道如果告知我，很多人都会来探望，医院会水泄不通。但我想，更深层次的原因是，他是一个浪漫型、青春型的诗人，一生追求清纯美好，他只想把微笑、光明、灿烂留给众人，不愿让人们看到他倒霉、不幸的一面。

今年 4 月 26 日凌晨 2 时多，我做了一个噩梦，夜色苍茫中，汪国真穿着白色风衣，戴着眼镜，向远方走去。我慌忙叫他："国真！国真……"

他好像没有听见，依然平静地向前走去，渐渐消失在夜色之中……

他走在"回家"的路上。

他走向天堂。

这是一个诗歌王朝的背影。

无独有偶，这个背影，我曾经在八年前也见过。那时我和国真还有画家白伯骅等人骑着骆驼，行进在甘肃敦煌茫茫的沙漠之中。国真骑着骆驼走在最前面，他留给我们的就是这样一个背影。国真对人真挚，非常善良，却很少对人吐露心迹。我和他虽然结识 20 多年，但一般都是在组织活动之中，由于参加人很多，我又是组织者，得照顾得面面俱到，所以很少有和他深聊的机会。八年前是个例外。那是个疏影横斜的秋天，夕阳西下，晚霞染红了天际，一丛丛的骆驼草散发着落日的余晖，天空蔚蓝，只有西边紫霭一片。我们牵着骆驼缓缓而行，我不禁吟起了他的几句诗：

> 我不去想是否能够成功，
>
> 既然选择了远方，
>
> 便只顾风雨兼程。

汪国真听后，突然感慨地说："我是单枪匹马拼杀出来的。我没有任何家庭背景，我的父亲是一个普通的干部，母亲是一个工人，我跟上层也没有任何关系。但我想,我努力、坚持,就会成功。"我听说他在未成名之前,也经历了一些杂志社、报纸的冷眼和退稿。

汪国真说:"我不去想身后会不会袭来寒风冷雨,既然目标是地平线,留给世界的只能是背影。我不去想未来是平坦还是泥泞,只要热爱生命,一切都在意料之中。"

说到生命,我们谈论起沙龙一个朋友的遭遇,因为感情问题,这个美丽动人的少女曾两次自杀未遂。汪国真说:"生命只有一次,每个人都应该珍惜生命,我们的生命都是父母给的,爱情本来是非常美好的,可是处理不好,到达走火入魔的境地,就容易出现白发人送黑发人的情况。"

还有一个女孩,由于失恋而痛不欲生。国真就像大哥哥一样开导她。他陪女孩到景山公园散心,用自己写的诗歌鼓励她走出阴影。他吟道:"风不能使我惆怅,雨不能使我忧伤,风和雨都不能使我的心变得不明朗。坎坷是一双耐穿的鞋,艰险是一枚闪亮的纪念章。"他请女孩吃饭,终于让她振作了精神,走出低谷。

还有一个女子,爱上了一个有妇之夫,最后终于绝望。她在屋里贴着那个负心人的大照片,还将照片中的双眼钉上了大铁钉。

汪国真说:"爱情本身是非常美好和美妙的事情,发展不好变成了仇人。女人,是一丛火,弄不好,就要被她烧死。"

我问:"国真,我听说,你曾经有过深刻的初恋?说给我听听。"

他没有回答我,凝重地望着远方,轻轻地吟道:

我不知道

是否 还在爱你

如果爱着

为什么 会有那样一次分离

我不知道
是否 早已不再爱你
如果不爱
为什么 记忆没有随着时光
流去

回想你的笑靥
我的心 起伏难平
可恨一切
都已成为过去
只有婆娑的夜晚
一如从前 那样美丽

　　他的眼里噙着泪花，许久没有说话。

　　我们骑着骆驼走下了一个山坡，晚霞逐渐褪去了，远山朦朦胧胧，变幻成黛青色。汪国真仿佛从遥远的记忆中回到现实，他说："生活中有丑恶、狭隘、沮丧，有让人沉沦的东西，也有积极乐观的东西。我的诗歌就是为了展现美好人性，阐述心灵。我的诗离政治远了一点，但是离生活很近。"

　　我问他："我听说当年推荐工农兵学员的时候，你因为家庭历史上的一些原因，没有被选中。你是不是因为这一点远离政治？"

　　他没有正面回答我提出的这个问题，而是缓缓地说："我歌颂光明，就蕴含着鞭挞黑暗；歌颂美好，就是批判黑暗。我不是批判现实主义的作家，我是抒情诗人。改革开放以后那种解放出来的力量，给我的诗歌造就了空间。1990 年前的那些年是我的创作期，也是我痛苦执着的坚持期，很多诗描写的就是我当时的经历和心境。为了自我激励，所以才写下：不站起来，才不会倒下。更何况我们要浪迹天涯。还有：倘若才华得不到承认，与其诅咒，不如坚忍，在坚忍中积蓄力量。人生自古贵坚忍，坚忍是成功的钥匙！当年左丘明双目失明，撰写《春秋》；孔子厄于陈蔡；司马迁忍受阉刑，著出《史记》。"说到这里，他吟诵起唐朝大诗人李白的《行路难》诗句："行路难，行路难，多歧路，今安在？长风破浪会有时，直挂云帆济沧海！"

我问他："你为什么又转向书法呢？"

他说："当时有人批评我，说我只会写诗。那时候年轻，就想证明我也有其他的能力。况且艺术都是相通的，当时为读者签名时，字写得很差，于是从 1993 年起，我就开始临摹欧阳询的楷书、王羲之的行书和楷书。我练习书法，有人说我有商业目的，实际上书法和绘画只是我的爱好，它同时能带来经济效益，但我并不是刻意而为。"

我说："有人说，海子死了，汪国真冒出来了。有人说你的诗是心灵鸡汤。"

他笑了笑，说："要允许百家争鸣，鸡汤也是有营养的嘛！'两岸猿声啼不住，轻舟已过万重山。'"

说完，他就骑着骆驼轻快地走远了。

对朋友的侠义心肠

我认识汪国真时，正是他诗歌处于巅峰的时候。那是 1992 年在北京国际艺苑的一次座谈会上，王立平、韦唯、刘恒等人也在场。不久，我邀请他参加全国文学书画创作班开学典礼，有了进一步的接触。1994

年我和汪国真一起访问新加坡，跟他聊得比较多。他斯文儒雅，通常给人以微笑的面孔，衣服也总是叠得整整齐齐。在过中国海关时，一个女工作人员认出了他，与他合影，其他几位工作人员也投来崇拜的目光，他也只是微微一笑。在进入新加坡海关时，工作人员反复看我的护照，第二天，又有一个便衣模样的人总是尾随我，我有点紧张：是不是他们发现了我新华社记者的身份？汪国真对我说："你不要害怕，他们不会把你怎么样。"他带我去看电影，又逛商城。新加坡地方很小，我们从东边一直走到西边，晚上回到宾馆，他笑着对我说："怎么样？尾巴甩掉了吧？"

汪国真显得文弱，但据我观察，他骨子里有侠气，对朋友情感真挚。我的"文革"手抄本小说《一只绣花鞋》在 2000 年 12 月出版前，我请他写一篇序言，他欣然答应，两天后便把写好的序言交给出版单位。我的好几部长篇小说的序言都是他写的。2013 年春节前，我的新作《梅花谍影》出版，在北京西单图书大厦举办首发式，他也应邀准时到场。后来我才知道，当时他父亲都病危了。凡此种种，都令我非常感动。

2005 年，我们几个朋友在广东东莞给他和司马南过生日，因为他和司马南是同年同月同日生（1956 年 6 月 22 日）。在东莞的一个钓虾池旁，司马南风趣地对汪国真说："我是上午出生的，你是下午出生的，你得管我叫哥哥。"汪国真微微一笑，一甩钓竿，说："司马，你说的不对，我是凌晨 1 点出生的，你得管我叫哥哥。"司马南狡黠地一笑，说："你看你长得像绣花枕头，那么嫩，你和宝哥哥身边总是鲜花如云，美女成群，我身边怎么没有这么多女孩？"汪国真站起身，又一甩钓竿，气哼哼地说："你看你那么杠头，总是跟别人较劲儿，美女老远看到你，早就给吓跑了！哈，哈，哈！"众人也是一阵大笑。

我第一次看到汪国真这么开心地大笑。

诗人的烦恼和愤怒

汪国真也有烦恼的时候。

十年前，一个风尘仆仆的中年男人找到汪国真，扬言要跟他打官司。这个急得满头大汗的人气急败坏地告诉他："你的诗集中有许多首都是抄袭我的，这是一种严重的剽窃行为！你是诗贼，我要控告你！"汪国真听了，如堕五里雾中。那人从一个沾满汗渍的大包袱里掏出汪国真的诗集《年轻的潮》，一页页打开，上面写满了他勾画的黑圈圈，还有歪歪扭扭的"眉批"。这个气愤填膺的人三番五次找到他大声疾呼。

汪国真又恼又怒，于是请一个朋友与他说理。

那个声称剽窃、据"理"力争的人最后声嘶力竭地说："现在文坛抄袭剽窃成风，唐朝的李白、杜甫也抄我的诗！"

汪国真听了，笑了。

原来那是一个精神病患者。

当然，诗人也有愤怒的时候。

十年前，南方某报记者听到传言，草率地发表一篇报道，说汪国真穷困潦倒，办火锅店亏损，以卖字为生。这是一篇典型的失实报道，一是因为汪国真有工资收入和再版诗集稿酬的收入，二是他并没有办过火锅店。当时国真请律师打官司，并向我和司马南诉苦，我们当即写了驳斥文章，数十家报纸采用。官司胜诉，对方在两家报纸上登报道歉，赔偿5万元。

汪国真总算出了一口气。

汪国真在诗史上被定位为"情诗王子"、抒情诗人，他的许多诗歌真挚动人，哲理性强，清新隽永，曾经被许多少男少女谈情说爱时引用。他本人长相儒雅，性情温和，是一些女人朝思暮想的偶像。可是他为什么在临近 40 岁才结婚？后来又为什么离婚？逝世前又为什么独自远行、孑然一身？

据我了解，年轻时汪国真有过深刻的初恋，这是刻骨铭心的恋爱。女方才貌双全，神韵十足。我读了他许多诗，觉得这些诗都是为她写的。可是后来由于某些传统观念的影响，也由于年龄和心理的因素，他没有踏入婚姻的殿堂。20 世纪 90 年代，我曾经到过他在西单大木仓的教育部宿舍，也见过他的妻子。她文质娴雅，见到我来，还给我倒了茶。可能诗人都是追求完美的，直到五年前国真才告诉我，他已离婚，一直独身，儿子从前一直随母亲在河南郑州居住。直到几年前要考大学才把户口迁到北京，目前在河南大学上学。我见过他的儿子，是个出色的小伙子。国真也一直很惦念着自己的儿子。几年前，我和国真、画家少稀去了河南开封。离开开封时，国真对我说："宝瑞，你和少稀直接回京吧，我想儿子了，我要到郑州。"

汪国真行事低调，是一个很内向的人，虽然他远离政治，但在政治上却一点儿也不糊涂。他经常去某省，有一位省领导是他的铁杆粉丝，经常请他吃饭。有人获悉后，想跑官，就请汪国真帮忙引见。那人说，只要把那位领导请出来吃顿饭，可以给他 5 万元，结果被汪国真断然拒绝。汪国真非常反感这种跑官行为。他说，当官就要当清官，凭真本事做官；当官的不给民做主，不如回家卖红薯。

我个人觉得，国真的匆匆离世有三个原因：一是他长期肝部不好。他的病发早在 1999 年那次入院就已埋下伏笔——由于当时缺少医疗知识，没有采取及时有力的治疗措施。二是他劳累过度。我每次给他打电话，他都兴致勃勃地告诉我，某日到某地讲学，某日到某地参加活动，某日到某地参加笔会等。他是天马行空，独往独来，而且任何人、任何

正在书法创作的汪国真

机构和单位的邀请，他都尽力参加。我的儿子上中学时就喜欢做主持人，总在家里电脑前练习直播。有一次我请国真到家里帮儿子做直播，他欣然答应前来，儿子则对他进行了一次两个小时的访谈。而他在做广东卫视的《中国大画家》主持人以后，则更为忙碌。试想，要做这种内容的主持人，背后要花费多少心血啊！过于劳累也许使他的身体抵抗力低下，也伤肝。三是他一直独身，长年漂泊在外，身边缺少一个贤内助照料他的起居生活。

文学史上绕不开的汪国真

中国文学史、中国诗史都绕不开汪国真，汪国真现象值得研究和探讨。对此，我的理解是时势造英雄。20 世纪 90 年代初期，气氛比较沉闷，汪诗像一股清纯的春溪，飞流直入，淌入校园，淌入中国大地。汪诗的出现是社会的需要，因为他呼唤真挚、真情、真话、真感觉，歌颂真善美。"冰冻三尺非一日之寒"，他也积蓄了多年的诗歌力量，并经历过退稿风波等，但他从不气馁，终于在 90 年代初，中国改革开放发生复杂变化的关键时期，他的诗歌忽然流行起来，成为一种标志性的文学特征。

汪国真的第一部诗集《年轻的潮》出版于 1990 年 5 月，他的"既然选择了远方，便只顾风雨兼程"成为流行颇广的诗句，很多人特别是年轻人在汪诗中找到了自我。汪国真曾在上海南京东路新华书店签名售书，霏霏细雨中，读者排成长蛇队，从楼上一直排到楼下，盛况空前，在短短 3 个小时内，签售了 4000 册，创造了上海市作家签名售书的最高纪录！一时间"汪旋风"席卷中华，大有不会背一两句汪诗便是半个诗盲之势！诚然，江山代有人才出，各领风骚数百年。有高潮必有低潮，到了 20 世纪 90 年代末期，这股汪潮才悄悄退潮，但仍在缓缓流淌。我知道，诗界对汪诗有些异议，这也属正常。有人觉得汪诗"浅白"，但是我认为汪诗是在直白中见功力。有人说："人民喜爱汪诗，评论家抛弃了汪国真。"我认为此言不妥，著名的文学评论家吴欢、汪兆骞、张颐武等对汪诗都有很大程度的肯定，认为它有积极的时代意义，应当重新审视汪国真，汪国真在文坛上应有一定合理的位置。汪诗创造了五四运动以来中国新诗史上发行量的最高纪录，习近平总书记外出访问时也曾引用过汪国真的诗句："没有比人更高的山，没有比脚更远的路。"文学固然是人学，愤怒出诗人，任何文学形式、任何诗派都是为主题服务的，汪诗定位为情怀诗，就是这样一种诗歌流派。诚然，百花齐放，百家争鸣，也允许发表不同意见，但不要漫骂攻击。

国真品格高洁，面对诗界对他暂时的冷漠，他无怨无悔，从不说别人的半句坏话，只是辛勤耕耘，默默地做着自己该做的事情。人，赤条条来到人世，一生不论换穿多少件衣服，都要赤条条离开人世，化为一缕青烟。

　　国真，你先走一步。

　　终有一天，我们在天堂，竹潇柳疏，把盏品茗，掌上千秋诗史，都
付舒眉一展的笑谈中……

人心里的那点温度

——是什么影响了我的文学创作之路

梁晓声口述　于洋整理

我们之所以一直这样敬重雨果，也在于他始终把我们对于人性的期望放在首位。我个人认为，对于文学艺术来说，人性的理想主义永不过时，我们对人性的美好愿望永不过时。

文学给了我关于真、善、美的启蒙性认知

每个人都有地理意义上的故乡，有的人还不止一处，但并不是所有的人都有精神的故乡，即思想被启蒙的地方。通常，我们发蒙于父母的言行，然后受形形色色的他者的言行，以及视野中逐渐纷杂的社会现象的影响。它们会是良好的，但也可能恰恰相反，于是蒙学又通过文章和书籍的方式来体现。

我感恩于书籍，尤其感恩于文学类的书籍。大凡读书，通常是由童话开始，进而至小说、传记，乃至更多方面，譬如历史、哲学等。无论

如何，我们与书籍最初的亲密接触，通常是和文学类的书籍有关。我认为这是文学最值得欣慰的一件事。

小时候，母亲经常是一边缝衣服、纳鞋底，一边给我们兄弟姐妹几个讲故事。母亲是在东北农村长大的，因我姥爷认识一些字，读过一些唱本，母亲受他的熏陶，也学会了讲钓金龟、乌盆记、牛郎织女、天仙配、梁祝等故事。钓金龟讲的是有两个儿子生活非常辛苦，有一天小儿子钓上来一只金龟，把它放了，就经常得到一些元宝。他不贪心，每隔一段日子才要一块元宝，使母亲生活得好一点。哥哥、嫂子看到了，以为弟弟一定是发财了，抢走了金龟，还把弟弟害死了。母亲讲这个故事，其实是在对我们进行孝的教育。但我是属于心理比较脆弱的，对残暴的事情非常抵触，所以非常同情弟弟、憎恨哥哥，所以也算是受到了"善"的启蒙。

乌盆记是讲有对夫妇因贪财而将一个人害死了，还焚尸灭迹，烧成乌盆。后来乌盆被别人买去，没想到盆居然还会说话，买主遂带它去衙门，最后为这个冤魂申了冤。这个故事对我们进行了一种有关道义担当的教育。

等我上了小学，好多故事就要到小人书铺里去看了。当时的小人书铺，都是把小人书的封面撕下来，在墙上贴一溜，每张编上号，一分钱看一本薄的，两分钱看一本厚的，很是训练孩子们的判断水平。我差不多到上初一、初二的时候，就把家附近几家小人书铺的书都看遍了。里头甚至包括希腊悲剧选集，当时我看不懂，更不能深刻理解，只是觉得有意思而已。

小人书铺给我的印象太深了。我曾经在一篇文章中谈到，小人书让我觉得自己像是百万富翁。那时候，全校也没几个拥有小人书的。我有一部电视剧《年轮》，其中有个情节就是，一个孩子积攒了许多小人书，

小时候，孩子们在小人书铺看书的情景

拿到地摊上租，租一次能换几分钱，积攒下来再买小人书，他觉得这是自己的财富。一次，小人书被警察没收，孩子哭了，他母亲带着他在派出所门前坐了一个晚上，最后把小人书要了回来。

当时我要求导演一定要把小人书这个情节拍好，要拍成冬季窗外飘着雪花，窗台上也落了一层松松的像棉花糖一样的雪花；屋里火炉的火光又红又温暖，水壶在火炉上发出轻微的响声，冒着水汽；在一条条长凳上，少男和少女并肩坐着，静静地看小人书。我还记得自己在小人书铺的时候，经常有一个小女孩也在看书，我们各拿着一本小人书，看完了趁租小人书的不注意，偷偷地交换一下。有时候我还悄悄瞥一眼女孩穿的布鞋，看到她穿着的紫色棉袜子，觉得好美。这是我记忆中最美好的时光，我也将它拍进了电视剧里。

看了那么多书，到目前为止，我最喜欢的还是牛郎织女的故事，它对我进行了夫妻爱情最初的启蒙。我在童年时期所设想的作为一个男人

的幸福生活，就是像牛郎那样。

　　我读过托尔斯泰的《午夜舞会》：年轻的主人公在边防要塞做司令官的副官，司令官有一位美丽的女儿，他们不久就相爱了，开始筹划婚礼。有一天，司令官的官邸公园举行舞会，绅士淑女们翩翩起舞，年轻的军官正和这位小姐手挽手散步，公园的另一侧传来了哀号声。军官问是怎么回事，小姐答：这是在执行我父亲的命令鞭笞一名逃兵，他开了小差。军官请求她制止这样的行为，讲了很多次，小姐却仿佛没有听见，继续跟他谈着诗歌，并告诉他：作为我的丈夫，你就更应该习惯，这是我父亲的工作。军官吻了她的小手，转身离去，心里想：哦，上帝，即使她是天女下凡，我也不能爱上她。

　　这篇小说影响了我从少年时代直到现在的爱情观。它使我知道，作为一个男人，我应该爱的是什么样的女性。如果一个女性不善良，无论她有多少钱、无论她多么聪明，都不会使我动心。并且我认为，作为作家，特别应该表现这一点。在电视剧《返城年代》中，我通过一个军人家长的口，对她的孩子们说："一个青年不管有多少才能，如果他不善良，那他也不能算是一个好青年，请你们永远记住这一点。"这也是我的愿望。

文学带我走上了创作之路

读书的习惯一定是少年时期养成的。如果一个人在前半生没有养成，靠后半生是很难的。像知识青年，如果"文革"前读了一些书就算幸运了，如果没读，那就很不幸了。我这一代人中，就有相当多的人一辈子都和读书这件事没有缘。

有个知青曾回忆，当时他们从全公社把所有书收集上来，要打成纸浆，因此必须把书撕开。于是就组织集体围成一圈，坐在书堆旁一起撕书，撕一本书一分钱。我记得，"文革"开始之后几乎找不到书可读，常见的只有《毛主席语录》，以至于我只要看到印在纸上的字都会异常兴奋。

为了能读书，有知青把书带到插队的地方。在陕北插队的知青曾告诉我，他们把书藏在一个窑洞里，劳动之后，派一个人进窑洞带出一本书，出来的时候挎上一个小篮子，书藏在里头，上面码些菜，像是在搞地下工作。

下乡的那段时期，我几乎一直是知识分子的"一千零一夜"。到了晚上就是两件事，要么是打扑克、下棋赢烟卷，要么是"听晓声讲故事"。我绘声绘色地讲自己看过的每一本书里的故事，都讲完了就开始自己编故事。后来我在上海虹桥医院住院的时候，也经常给病友们讲故事，连值班护士也喜欢听，以至于她们给我打针的时候都温柔了许多。我的创作就是从那个时候开始的。现在想来，那样的年代里，倘若没有文学，真是不堪想象。

书读的多了，回头再看的时候就会有所反思。比如说，最初读名著的时候，在我心里，《水浒传》是排在第一位的，因为它是现实的，有男人之间的义气，作为男孩子肯定是爱读的。第二是《西游记》，第三是《聊斋志异》，然后才是《三国演义》《红楼梦》。但是到中学以后就发生了变化，我会把三国排在前边，因为它的史诗性、宏大叙事以及众多的人物。我仍会把《西游记》排在第二位，还是因为它的想象力，此外是《封神榜》《聊斋志异》还有《红楼梦》，《水浒传》则排到了最后。我发现，其中有很多情节让我无法接受。比如说武松杀嫂，我不能够忍受武松把潘金莲绑在柱上，喝一口水喷向她，口里还要衔着刀子，剖腹挖心来祭奠他的哥哥。虽然潘金莲谋害武大郎理应接受惩罚，但即便一死也不该是这样的死法，这样的行为由武松来做，太不像武松了，他的形象因此而在我心里大打折扣。

我从童年到少年时期的生活都是美好的，这些都直接影响到我的写作。影响到什么程度呢？我基本上不写暴力、残忍的事情，即使写，也是谴责性的写法。我从 20 世纪 80 年代开始写小说，要知道，即便到了80 年代，在写到女性的时候，也一定得是"黑里透红的脸庞"，假小子一样的性格，一定是短发，不能写"白皙的皮肤"，否则叫思想意识有问题。因此，我写《这是一片神奇的土地》，在表达爱情与性的美好时，喜欢用省略号。这还是跟托尔斯泰学的，他总是点到为止。后来觉得这样的写法太不够，才开始也写爱情与性。即使这样，我仍旧是写它的美好。

我还写过几代中国女性尤其是中国母亲们的生活形态。有多少这样的母亲：她们一辈子没穿过几件好衣服，没有什么文化，却拉扯大了共和国一代又一代的儿女。我经常觉得，我们这一代就是扯着母亲们的破衣襟长大的。

　　我也写过不好的书，那就是《恐惧》。我写了两千多万字的作品，几乎所有的文字，我都引以为豪。我经常跟朋友们说，我的书你们可以放心地买回去给孩子们看，只有《恐惧》例外。这本书创作于90年代初，当时社会上出现了一些不良风气。可能是多年的写作压抑，也可能是受了陀思妥耶夫斯基和左拉的影响，我写了暴力、变态的性、权钱交易等。但这本书在当时发行量很高，是我所有作品中发行量最高的。甚至后来有书商开着白色的广本（这在当时非常罕见），特地到我家来说："谢谢你让我开上了这样的车。"但与此同时，一份报纸在下半版发了通栏的批判文章，大致上是说"像梁晓声这样的作家也堕落了吗"？这是南方小城的一位女作者写的，她很失望而气愤。

　　我问自己，如果一个作家不这样描写性和暴力，便不能把小说写深刻吗？答案是否定的。当这样自问的时候，我感到非常羞耻，因此给这位女作者回了一封信，表示接受这样的批评，并且保证这本书再也不再版了。此后，大约十七八年里，它都没有再版过。前几年有出版社要出一整套我的作品集，建议还是把它收进去。我考虑了一下，于是在出版之前很认真地从书中删掉了两万多字。

　　文艺作品还要写出人在生活中应该是怎样的。我曾经和一个知青朋友讨论过这个话题，他说："我们下乡的时候，如果一个排长被打成了右派，连里命令不准送行，有人敢送吗？""实际情况很可能是不会送的。""那你为什么不按真实的来写？"我说，我想写人在生活中也应该是怎样的，我们可以去送的，哪怕因此也开了我们的批判会。如果不这样看问题，雨果的《悲惨世界》怎么办？现实生活中有多少像冉·阿让这样的人后来会成为一位好市长，后来会成为一个女孩的好父亲？而我们之所以一直这样敬重雨果，也在于他始终把我们对于人性的期望放在首位。我个人认为，对于文学艺术来说，人性的理想主义永不过时，我们对人性的美好愿望永不过时。

我觉得我们现在的文学作品，在这一点上做得太不够了。我们太缺少文化，太缺少文化教化人的力量。可能正是在这样的情况之下，我宁可少写一些小说，多写一些散文、随笔，如果还能收进我们中小学的教材中，甚至收进其他国家和中国香港地区的课本中，那么我的心愿就差不多达成了。从这个层面上讲，当我把自己作为一名中国知识分子的责任担当起来，突然拿起笔来面对小说的时候，会感觉我的小说已经用那样的方式写过了，因此接下来还是写一些散文、随笔，给人性、给人心加一点温度吧。

图书在版编目（CIP）数据

思想的光辉／刘未鸣，刘剑主编 . — 北京 ：中国
文史出版社，2018.7

（纵横精华 . 第一辑）

ISBN 978 - 7 - 5205 - 0387 - 7

Ⅰ . ①思… Ⅱ . ①刘… ②刘… Ⅲ . ①作家—生平事
迹—中国—近现代②思想家—生平事迹—中国—近现代
Ⅳ . ①K825.6②B2

中国版本图书馆 CIP 数据核字（2018）第 138819 号

责任编辑：金　硕

出版发行：**中国文史出版社**

社　　址：北京市海淀区西八里庄路 69 号　　邮编：100142

电　　话：010-81136606　81136602　81136603（发行部）

传　　真：010-81136655

印　　装：廊坊市海涛印刷有限公司

经　　销：全国新华书店

开　　本：787×1092　1/16

印　　张：12.75

字　　数：158 千字

版　　次：2018 年 8 月北京第 1 版

印　　次：2022 年 1 月第 2 次印刷

定　　价：42.00 元